한국의 수필 대표작선집

유년의 별빛을 찾아서

한국의 수필 대표작선집

유년의 별빛을 찾아서

유지순 수필선집

1판 1쇄 인쇄/ 2018년 12월 20일
1판 1쇄 발행/ 2018년 12월 26일

지은이 / 유 지 순
펴낸이 / 우 희 정
펴낸곳 / 도서출판 소소리

등록 / 제300-2007-21호
주소 / 03073 서울 종로구 성균관로 5길 39-16
전화 / 765-5663, 010-4265-5663
e-mail: sosori39@hanmail.net
www. sosori.net

*잘못된 책은 바꿔드립니다. 값 9,000원

ISBN 979-11-5891-117-1 04810
ISBN 978-89-959287-6-9 (세트)

한국의 수필 대표작선집

유년의 별빛을 찾아서

유지순 수필선집

■

한국의 수필 대표작선집을 내면서

오늘의 문학 현실을 위기라고들 합니다. 영상 혹은 전자 매체의 범람 등으로 활자문화가 한계에 이르렀다는 우려입니다. 한편으로 위기는 기회를 뜻하기도 합니다.

이 시점에서 수필문학의 주체적 진술방식과 시에 조금도 다를 바 없는 서정의 운문적 양식을 주시한다면 그 해결책이 어렵지 않다고 생각합니다.

주변에는 치열한 작가정신과 파한(破閑)의 여정이라는 틀을 부수고 실험으로 투철한 용기 있는 문학인들이 많습니다. 개개인의 의도적이고 객관적인 처지를 모색하면서 그 특성을 작품으로 창출해냄을 높이 평가해야 합니다.

우리의 수필문학을 오늘에 있게 한 중진들의 작품 가운데서 대표작이라 할 만한 것을 가려 문학사적인 정립을 시도한다면 그 중흥의 한몫을 해내리라 믿습니다.

「한국의 수필 대표작선집」을 기획 편찬하는 까닭도 여기에 있습니다. 많은 참여와 조언, 지도편달과 아낌없는 협조를 당부 드립니다.

- 편찬위원회

1. 천리향이 지닌 뜻

2. 조릿대의 꿈

1.

천리향이 지닌 뜻

재미있는 지옥 재미없는 천국

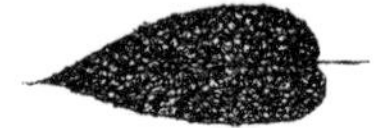

삶의 긴 여정을 걷다보면 세상살이가 천국이나 지옥처럼 느껴지는 때가 많다.

천국이나 지옥이 느껴질 때마다 기쁘기도, 슬프기도 하며 고통스럽기도 하지만 우리네 살이가 다 그런 것이 아닐까.

천국에는 풍부함과 편안함, 즐거움과 따스함, 밝음과 아름다움이 있고, 지옥에는 부족함과 나태함, 슬픔과 추위, 어둠과 추함이 있을 것 같다. 천국에 가면 행복하고, 지옥으로 떨어지면 불행해진다는 생각 때문에 모두 천국으로 가기를 갈망한다.

누구나 천국에서와 같은 삶을 누리기를 원하지만, 천국이 재미없을 수도 있고, 지옥이 재미있을 수도 있다. 미국에서 7년 째 공부하고 있는 딸아이는 '서울은 재미있는 지옥이고, 미국은 재미없는 천국'이라고 한다.

복잡하게 붙어 있는 집, 어깨를 부딪치며 사는 사람들, 시도 때도 없이 막히는 교통, 매연으로 얼룩진 공기, 비싼 물가. 어깨와 가슴을 무겁게 누르는 입시 경쟁, 공공질서에 무신경한 사람들, 치열한 생존경쟁, 가슴을 서늘하게 하는 뉴스, 서울에서의 생활은 숨 가쁜 긴장의 연속이라 지옥에 살고 있는 게 아닌가 하는 생각이 들 정도다. 잠시 숨을 고르고 생각해 보면 서울에서의 생활이 꼭 지옥 같기만 할까.

서울은 복잡하고 혼란스럽지만 사람 사는 재미를 느끼게 해준다. 어디를 가도 내 나라말로 마음대로 얘기할 수 있는 시원함, 사계절이 뚜렷해 철마다 맛볼 수 있는 맛깔스러운 음식, 서로 끈끈한 정을 못 주어 안달하는 피붙이들, 싸우고 욕하고 좋아하면서 미운 정 고운 정 다 들고, 어디를 가도 넘치는 사람 구경, 주변을 둘러싸고 있는 아기자기한 산과 들이 있는 곳이 서울이다.

우리는 이웃의 일도 내 일같이 여겨 관심이 많고 참견이 많다. 체면 때문에, 보는 눈이 겁나서 행동이나 옷차림에도 신경을 써야한다. 남이 아는 것은 무엇이든 나도 알아야 직성이 풀리고, 여기저기 끼지 못하면 소외당하는 것 같아 외롭다. 서울에서의 생활이 숨 쉴 틈도 없이 바쁘고 번잡스럽지만, 그 속에서 삶의 탄력이 생겨난다. 지옥 같기만 한 서울 생활이지만 그 안에서도 천국을 발견할 수 있지 않을까.

딸이 살고 있는 미국 대학가는 시내 한복판을 빼고는 어디를 가나 넓고 잘 다듬어진 잔디밭, 시원하게 잘 자란 아름드리나무들, 맑은 공기, 수많은 공원과 호수, 사람도 무서워하지 않고 뛰노는 야생동물, 깨끗한 물, 값싸고 풍부한 농산물과 공산품, 동네마다 있는 커다란 도서관과 다양한 문화공간, 입시지옥 없이 마음껏 활개를 치며 자라는 아이들, 아름다운 꽃이 가득 피어 있는 잘 손질된 정원을 가진 집들이 드문드문 있는 주택가. 차를 운전하기에 쾌적한 거리, 이런 모습에서 천국을 느끼게 한다.

거리를 오고가는 사람들의 모습도 평온하다. 이 평화가 죽음 이후에도 지속되는 것일까. 이곳에는 시내 한복판에 넓은 묘지가 여기저기 자리 잡고 있다. 아름답게 조각된 십자가나 죽은 사람들의 상징물이 세워져 있고, 늘 예쁜 꽃이 장식되어 있어 잘 가꾼 정원 같은 묘지다. 죽어서도 산 사람들 곁에 있으니 죽은 이들에게도 이곳은 천국만큼

좋을 것 같다.

딸이 살고 있는 아파트에서 창밖을 내다보면 잘 다듬어진 넓은 잔디밭은 잠시 평화를 느끼게 하지만, 살아 움직이는 것이 없는 듯한 적막감에 숨이 막힌다. 사람은 한 명도 볼 수 없고 푸른 하늘과 구름떼, 바람에 흔들리는 나무만이 살아 있다는 것을 느끼게 한다. 자세히 보면 새와 토끼, 다람쥐가 뛰놀고 있다. 움직이는 파리도 한두 마리 보인다. 아무리 주위가 평화스러워 천국 같아도 사람이 사는 활기가 없는 세상은 쓸쓸하여 지옥 같다. 모두 자가용을 타고 다니니 거리에는 사람 구경을 할 수가 없다. 드문드문 다니는 버스를 기다리느라고 서 있는 구부정한 노인이나 흑인들을 보면 버스와 택시, 사람들로 북적대는 서울이 천국이라는 생각이 든다.

생후 3일 밖에 안 된 듯한 갓난아기를 안고 시장을 보러 나온 미국 여인, 보살펴 주는 사람은 없어도 복지정책이 잘 되 있어 정부에서 많은 것을 해주는 사회, 차가 몇 대만 밀려도 교통란이라고 여겨질 만큼 널찍한 도로, 생업 이외에 많이 남아도는 시간을 가족과 함께 보내며 집 단장을 깨끗이 해놓고 사는 사람들, 내 일만이 중요하지 남이야 어떻든 무관심하게 사는 사람들, 손질이 잘된 텅 빈 넓은 공원과 호수, 시설이 잘 되고 볼거리는 많은 데 구경하는 사람이 많지 않은 문화 공간, 잘 만들어 놓았지만 사람 없는 수영장, 모든 것이 잘 갖추어져 천당처럼 여겨져야 할 텐데 왜 지옥으로 느껴지는지 모르겠다.

20여 년 전, 남편은 남태평양의 섬나라인 인구 칠천 명의 투발루의 수도 푸나푸티에서 이곳의 사회개발사업 시행 가능성을 조사하기 위해 육 개월쯤 일을 했었다. 산호로 이루어진 이 섬은 한쪽 끝에서 다른 쪽 끝까지 걸어서 15분이면 가고, 폭을 가로지르는데 5분밖에 안 걸리는 작은 섬이다. 이 섬의 자생식물은 야자와 토란, 빵나무를 합쳐 몇 가지 밖에 안 된다고 한다. 주식은 토란과 바다생선인데 양념은 소금이 전부이다. 연중 더운 나라라 네 기둥을 세워 위에 야자로 엮은 지붕을 덮으면 집이 된다. 벽은 없고 사방이 트인 집 안에서 가까운 친척끼리 모여 산다.

이 나라 사람들의 일과도 주거 환경처럼 단순하다. 아침에 느지막하게 일어나 바다에서 생선 몇 마리 잡아다 먹고, 하루 종일 낮잠 자고 노는 게 일이다. 저녁때가 되면 바다에 다시 나가 생선 몇 마리 잡아다가 쪄서 토란과 함께 식사를 하는 것이 생활의 전부다. 이들의 유일한 오락은 섬 외부에서 손님이 오면 온 동네 사람들이 모여 손님이 떠날 때까지 토란과 생선을 쪄놓고, 먹고 춤추며 노는 것이다. 먹을 것이 풍부하니 싫도록 놀고 마음껏 잘 수 있어 천국이라는 생각이 들지만, 우리가 배고팠던 5, 60년대에나 꿈꾸던 그런 천국이 아닐까. 서울이 재미있는 지옥이라고 느껴지는 까닭은 미국과 투발루의 중간 지점에 내가 살고 있는 듯하기 때문이다. 딸이 지냈던 미국의 대학이 있던 지역이나 투발루처럼 재미없는 천국에 사는 사람들이 서울에 오면 정신을 차릴 수 없고 복잡하여 재미없는 지옥이라고 할는지도 모른다.

많은 사람들 사이에서 웃기도 하고 울기도 하면서 살을 맞대며 사는 이곳에서의 사람이 참 사람 사는 모습이라는 생각이 든다. 몸과 마음은 편하지만 지루한 천국, 몸도 마음도 고달프지만 새로움과 변화가 있는 지옥, 재미있는 지옥과 재미없는 천국 중에서 한 곳을 택하라면… 그래도 사람 살맛나는 재미있는 '지옥'을 택해야할까.

반딧불

집 앞, 난초꽃 사이로 반딧불이 날아다닌다. 맑은 공기와 깨끗한 물속에서만 서식한다는 개똥벌레, 그 빛을 따라 뜰을 나선다.

창틀에서 작은 벌이 집을 짓고 있다. 얼마나 크게 지을지 모르나 이제 시작이니 다 지으려면 한참 걸릴 것이다. 어떤 재료이기에 그렇게 비단결 같이 고운 집을 지을 수 있는지 신기하다. 가만히 들여다보면 작은 벌 한 마리가 늘 붙어서 집을 어루만지고 있다. 직경 2센티미터, 길이가 1.5센티미터 정도의 나팔 모양이다. 창틀에 집을 짓고 있으니 더우면 창문을 어떻게 열어 놓을까. 떼어 버리려다 열심히 일하고 있는 모습이 안쓰러워 그대로 두기로 했다.

산 밑에 있는 집 마당을 시멘트로 덮지 않고 흙바닥인 채 두었더니, 여러 곤충이 집안으로 기어 들어와 내보내느라 바쁘다. 날이 추우면 더 많은 작은 곤충과 벌레들이 기어 들어와 귀찮기도 하다. 작은 곤충이지만 생명은 귀중하다는 생각에 살려두려고 하지만 계속 들어와 짜증이 날 때가 많다.

이른 봄, 씨앗을 뿌리려고 땅을 파거나 밭을 매다 개미집을 건드려 하얀 알을 문 개미들이 수없이 쏟아져 나와 갈팡질팡하는 모습을 보면 죄를 지은 듯 미안하다. 땅 속에 그 많던 굼벵이는 멸종되어 가고 있는지 한 마리도 보이지 않는다. 한때, 간의 치료제로 좋다고 하여 많이 잡은 탓인 것 같다. 털이 수북한 송충이가 집안으로 들어오면 질겁하기도 하고, 나비가 되려고 탈바꿈하여 번데기가 되면 징그럽기도 하지만, 생명의 소중함을 생각하면 죽이고 싶은 마음이 없어진다.

초봄 울타리가에 개나리가 활짝 피었는가 했더니 어느새 연두색 잎이 돋기 시작한다. 올봄에는 벌레가 끼지 말았으면 하고 빌었는데, 어느 날 창밖을 내다보니 잎사귀마다 5, 6마리씩 작은 벌레가 새까맣게 붙어 있다. 그대로 두면 나비가 되어 공중을 찬란하게 수놓겠지만 개나리는 순식간에 가지만 앙상하게 남을 것이다. 나무를 살리려면 농약을 치지 않을 수 없다. 주위에는 장미와 사철나무, 은행나무, 대추나무 여러 가지 나무가 많은데 까만 벌레는 개나리 잎에만 붙어 있다. 코알라가 유카리잎만 먹고 팬더가 대나무잎만 먹듯이 벌레도 서식하는 식물이 따로 있다.

상추, 쑥갓, 아욱은 벌레 먹은 자국 하나 없이 깨끗하게 잘 자라는데, 열무와 배추, 케일은 잎사귀마다 많은 구멍이 뚫려 있다. 아침다다 배추벌레를 잡는데 생명을 보존하는 재주가 얼마나 놀라운지 눈에 띄어 잡으려고 하면 금방 어디로 사라졌는지 찾을 수가 없다.

고추와 콩, 참깨, 참외를 심는데, 수분의 증발을 막고 잡초가 자리지 못하게 하려고 검은 비닐을 덮어 놓은 밭을 보면 숨이 막힌다. 일손을 덜어주는 것은 좋지만 땅의 생명력은 점차 상실 되어갈 것이다. 땅이 숨을 쉬지 못하면 그 속에 사는 생물도 함께 줄어들고, 벌레가 줄어들면 땅은 더 척박해질 것이다. 땅 속에서 벌레들이 움직여 땅을 숨 쉬게 해야 식물이 잘 자랄 수 있기 때문에 토양생물의 생태를 보고 자연이 얼마나 잘 보존되어 있는가를 평가한다.

공생하며 살아야 하는 생물들이 줄어든다면 거기에서 수확되는 작물은 온전한 생명력을 가지고 있을까. 살충제와 제초제를 뿌리거나 땅에 비닐을 덮어 생물을 다 죽인다면 꽃가루를 옮기는 작업은 누가 할 것이며, 벌레를 먹고 사는 새들은 어떻게 생명을 부지할 것인가. 새들은 살충제와 제초제를 먹은 곤충을 먹고 무정란을 낳는 경우가 많다고 한다. 곤충들이 사라져 간다면 새의 수가 줄고 먹이 사슬의 균형이 깨져 점차 생태계의 균형이 무너지지 않을까. 어떻게 하면 작은 벌레도 다치지 않게 작물을 거둘 수 있을지 항상 조심스럽다. 작년에 집 앞 참나무에 커다란 장수풍뎅이 한 쌍이 나무의 진을 빨아 먹고 살았는데, 금년에는 눈에 띄지 않는다.

더위가 심해져 창문 여닫기에 조심했는데 벌이 집을 짓다 남겨둔 채 어디론가 가 버렸다. 번식에 위협을 느껴 짓던 집을 버리고 다른 곳으로 옮긴 것일까. 주변에 늘 보아왔던 생물들이 하나 둘씩 줄거나 사라질 때마다 허전하고 씁쓸한 기분이다. 지구상에서 소멸되는 동식물이 하루에 250여 종이나 된다니 더 이상 멸종하는 생물이 없도록 힘을 모아야 할 것이다.

몇 년 전, 일본의 유명한 전통 음식점에서 저녁 식사를 하고 난 후, 정원 구경을 했다. 정원에 날아다니는 많은 반딧불이가 푸른 숲과 어우러져 아름다웠다. 안내인의 얘기가 손님들 눈을 즐겁게 하기 위해 매일 시골에서 잡아다 풀어 놓는다고 한다. 하루 저녁 눈요기가 된 후 개똥벌레는 죽어 간다.

천연기념물 322호인 개똥벌레는 애벌레 때는 물속에서 서식하는데, 다슬기를 먹고 산다. 개똥벌레는 배 끝 마디에서 반딧불을 내고 열은 거의 없다. 촛불에 비교할 수 없이 아주 약한 빛을 내지만, 촛불보다 더 운치 있는 반딧불도 이제는 사라져 가는 귀한 곤충이 되었다. 반딧불이는 맑은 공기와 깨끗한 물가에서만 자라는데, 점점 오염되어 가는 곳이 많으니 살아남기가 힘들어질 것 같다.

오랫동안 반딧불 구경을 못하다 집 앞에 몇 마리가 날아다니는 반딧불이를 보니 그렇게 반가울 수가 없다.

어릴 때 온 식구가 마당에 둘러앉아 저녁을 먹으며 보았던 헤아릴 수 없이 많던 반딧불이 공해를 헤치고 시공을 넘어서 나를 찾아오는 사이, 수는 줄고 빛은 바래져 있다.

죽음에서 삶으로

그는 죽음의 그늘에서 벗어나 조금씩 살이 오르고 있다.

1973년 말 월남전쟁이 막바지로 치닫고 있을 무렵, 남편은 월남으로 장기 출장을 갔다. 전쟁이 휩쓸고 간 지역과 난민을 돕는 사업을 추진하기 위해서다.

출장간 지 4개월 만에 '가정의학대전'에서 간과 췌장에 관한 설명을 보내라는 연락이 오더니, 출장기간을 많이 남겨 놓고 급히 귀국한다는 소식이 날아들었다. 공항에 마중을 나가는 발걸음이 불안하기만 하다. 탑승객이 다 나왔는데도 남편의 모습은 보이지 않는다. 환자가 되어 돌아오는 그의 행방이 묘연하니 걱정이 되었다.

기다리다 못해 집에 오니 남편이 먼저 도착해 있었다.

검게 변한 얼굴과 피골이 상접한 모습에는 죽음의 그림자가 짙게 드리워져 있었다. 사이공 유수의 종합병원에서 진찰받은 차트를 가지고 곧 입원을 했다. 재검진을 받기 위해서라기보다는 앞으로 살 수 있는 날이 얼마나 될지 확인을 하기 위한 병원 행이었다.

큰딸이 중학교 1학년이고 막내아들이 7살로 네 아이를 가진, 아무 능력도 없고 집에서 살림 밖에 할 줄 모르는 아내를 둔 남편의 심정은 어떠했을까.

암이라는 진단을 받고, 어린 아이들 생각 때문에 먼 이국 땅 전쟁의 와중에서 많이 울었다고 한다. 그대로 병으로 죽으면 보험료도 얼마 안 나오니, 가족을 위해 베트콩 지역에 들어가 죽을까 하는 생각도 하고 실제로 시도도 하려고 계획을 짰다고 한다. 그때 일을 저지르고 보험료를 탔다면 40년 가까운 세월 동안 온 가족이 얼마나 큰 고통 속에서 살았을까 생각하면 지금도 아찔하다. 남편은 마음을 바꾸어 죽기 전에 가족의 얼굴을 한 번이라도 보아야겠다고 귀국을 했다.

사이공 병원에서 가져온 차트를 보고 이곳 의사도 암이 확실하다고 진단했다. 남편 앞에서 돌아서기만 하면 눈물로 얼굴과 가슴은 얼룩졌다. 남편이 생계를 책임질 수 없는 상황에서 어떻게 대처해야 하는지는 생각도 없이 젊은 여자가 남편이 없다면 부끄러워 어찌 얼굴을 들고 사람들을 대하나 하는 생각이 먼저 떠올랐다.

입원한 남편이 출장지에서 가져온 짐을 정리하면서, 미리 써놓은 유서를 발견했다. 가진 것이라고는 살고 있는 작은 집 한 채밖에 없으니 가족의 생계를 도맡았던 자신이 죽는다면 남은 가족이 어떻게 살아갈지에 대한 걱정과 불안이 유서 속에 그대로 담겨 있다.

유언장에는 자기가 죽으면 나의 처신은 어떻게 하고, 큰딸은 자기가 다니던 회사에서 낮에는 일하고 밤에 학교를 다니게 하고, 나머지 아이들 처리는 어떻게 하라는 지시가 상세히 적혀 있었다. 유서를 읽으면서 흐르는 눈물은 그칠 줄을 몰랐다. 1주일간 입원하고 있는 동안 많은 사람들이 문병을 왔지만 정말 친한 분들은 올 수 없었다고 한다. 죽음을 기다리고 있는 사람에게 무슨 말을 해야 할 지 차마 병문안을 올 수 없었다는 것이다.

정밀검사를 하는 1주일은 온 가족이 함께 죽음을 맛보며 헤매었다. 각오한다고 마음을 다잡아도 설마 하는 일말의 기대와 절망이 교차하며 눈물은 마를 새 없이 쏟아졌다. 죽음을 맞고 있는 남편 앞에서 웃는 모습을 보여 주려고 노력하지만 마음은 칼로 도려내는 것보다 더 아팠다. 평생 흘릴 눈물을 그 일주일 동안에 다 흘린 것 같다.

검사결과가 나오는 날, 의사는 우리에게 가슴 벅찬 결과를 알려주었다. 사이공 병원의 진단이 오진이었다는 것이다. 병원 측의 오진 때문에 온 가족이 죽음의 공포로 시달렸다. 병이 아니더라도 병이라고 의사가 진단을 내리면 환자는 그대로 믿게 되고 죽어갈 수도 있다는 것을 경험했다.

남편은 더운 지방에서 더구나 생사를 가늠하기 힘든 전쟁터에서 고생을 해서 살이 너무 많이 빠져 신장이 움직이는 '이동신' 현상이 나타난 것이다. 제자리에 붙어 있어야 할 신장이 움직이니 주먹 같은 혹이 만져져 그것이 암덩어리라고 오진을 한 것이다. '이동신'은 살이 다시 올라 신장이 제 위치로 돌아가면 저절로 낫게 되고 건강에도 아무 지장이 없는 병 아닌 병이다.

삶과 죽음은 종이 한 장 차이라던가. 오진 때문에 사람을 그렇게 고생을 시킨 것이다. '오진'이라는 얘기를 듣는 순간 우리는 서로 부둥켜안고 많이 울었다. 세상의 모든 것이 귀중하지 않은 것이 없으며 감사하지 않은 것이 없었다. 그 순간 남편의 마음을 상하게 하는 일 없이 살겠다고 맹세했지만, 40여 년이 지난 지금 별로 지키지 못한 것 같다.

죽음의 문턱에서 살아나온 남편은 매사에 감사하며 늘 긍정적이고, 낙천적인 태도를 잃지 않는다. 나는 그 일로 인해 어떤 어려운 일이 닥치더라도 헤쳐 나갈 수 있는 능력을 가져야겠다고 생각하여, 요리를 배우고 몇 개의 자격증을 땄다. 지금까지 그것을 활용하지 않아도 될 만큼 남편은 건강하게 가정을 지키고 있다.

네 아이를 밝고 당당하게 자라도록 뒷받침을 해주는 것은 힘든 일이다. 그 일을 거뜬히 해내는 남편을 보면 한 사람이 가지고 있는 능력은 무한에 가깝다는 것을 느낀다.

암이 아니라는 것을 알고 퇴원한 남편은 하루가 다르게 죽음의 그늘에서 벗어나 살이 오르며 건강해졌다. 암 진단 후 많은 사람들에게 은혜를 입었지만 만 분의 일도 보답하지 못하고 살고 있다.

삶과 죽음은 절대자이신 하느님에 의해 섭리된다는 생각이다. 삶과 죽음 사이를 무시로 넘나들며 사는 것이 우리의 살아가는 모습이다. '하루를 마지막 날처럼'이라는 말같이 언제나 겸허한 태도로 하루하루를 새롭게 맞이하고, 건강하게 살 수 있는 것은 크나큰 축복이다.

어느 일본 여인의 무덤

불두화가 피었다. 탐스러운 흰 꽃은 고귀하게 살다간 한 여인의 넋인가. 용소를 내려다보며 자리한 여인의 무덤 앞에는 불두화 옆에 무궁화도 심겨있다. 잘 다듬어진 묘에는 그녀를 '사모님'이라 부르던 제자들의 정성어린 손길과 마음이 배어있다.

그녀는 일본의 한 시골 마을에서 9남매의 맏딸로 태어났다. 2차 세계대전이 일어나기 전 대학생의 신분으로 동생들을 모두 동경으로 데리고 와 공부를 시킬 정도로 생활력이 강한 여인이었다. 그때 한씨 문중의 유학생으로 와세다대학 영문과 학생이었던 한국 남자를 만나 한국인의 아내가 되었다.

그녀의 남편은 일제에 대항하여 독립운동을 하다가 17번이나 일본 경시청에 붙들려 갔다. 자신의 조국이기도 한 일본에 저항하는 남편을 그녀는 사랑을 넘어 존경으로 섬겼다. 사랑과 헌신은 민족도 초월하는 것일까. 그녀의 남편은 희생적으로 옥바라지를 한 일본 여인을 뿌리칠 수가 없어 그녀와 결혼을 했다.

귀국한 후 그녀의 남편은 문중에서 쫓겨났고, 그들은 둘만의 보금자리를 찾아 떠돌다가 여주시 산북면에 정착하였다. 그녀도 한국인과 결혼했다는 이유로 일본의 형제들에게 외면당한 처지였기에 한국에 귀화를 했다. 역사의 소용돌이 한가운데에서 결실을 맺은 두 사람의 사랑 얘기는 가슴 아프면서 아름답다.

그녀의 남편은 '세상에 태어나서 일생을 살다 가면, 세상에서 받은 만큼 공헌을 하고 가야지 아무것도 남기지 않고 가는 것은 부채를 남기고 가는 것과 같다'는 평소의 신념에 따라 젊은이들에게 신지식을 가르쳤다. 서울에서 가까운 지역이어도 외진 산골이라 바깥세상의 지식에 목말랐던 청년들이 일본에서 신학문을 배우고 온 사람을 접할 수 있었던 것은 큰 행운이었다고 한다. 이곳 청년들은 그분 덕에 다른 면 사람들보다 3년은 먼저 개화를 할 수 있었다. 그때 그분에게 배운 제자들은 오랜 세월이 지난 지금도 그 은혜를 잊지 못하고 그 부부를 인생의 귀감으로 삼으며 존경하고 있다.

6·25때 그녀의 남편이 폭격으로 죽었다. 그를 흠모하던 제자들이 평소에 그가 원했던 용소가 바라보이는 장소로 묘를 이장하고, 무덤 앞에는 생전에 좋아하던 불두화와 무궁화를 심었다. 그녀는 남편의 제자들에 대한 고마움을 평생 잊지 못하고 그들을 친자식처럼 사랑하였고, 남편이 죽은 뒤 30년을 더 살다가 갔다.

자식이 없었던 그녀는 양자를 들였으나 그들이 이민을 가는 바람에 방물장사를 하면서 생계를 이어갔다. 요즘도 이 마을에서 저 마을로 가려면 차를 타야하는 거리인데 무거운 방물짐을 지고 첩첩산골을 걸어서 물건을 팔러 다녔다. 기력이 없어진 후 그녀는 조그만 구멍가게를 했지만, 궁핍하고 어려운 생활이었어도 그녀의 기백과 의지만은 살아 있었다.

말년에 혼자 고생하는 그녀를 보고 경찰서장이 찾아와 '일본으로 돌아가 편히 사시라'고 했다가 혼이 났다. 경찰서장에게 모자를 벗고 무릎을 꿇으라고 하며 "내가 일본에서 태어났지만 한국의 독립군 남편을 만나 한국인으로 귀화하여 일본에서보다 한국에서 산 세월이 훨씬 긴 한국 사람인데, 관내에 사는 사람을 보호는 못해주고 다른 데로 가라고 하는 경우가 어디 있는냐?"고 호통을 쳤다. 경찰서장이 백배 사과하고 살아가는데 많은 도움을 주었다는 일화도 있다. 그녀는 오래 살아 남에게 폐를 끼치면 어떻게 할 것인지 고심을 했다. 동네 사람들은 자신에 대해 스스로 책임지려고 노력하는 그녀를 보며 존경과 칭송을 아끼지 않았다고 한다.

말년에 그녀는 서울 나들이를 하여 목욕재계하고 국립묘지에 참배를 했다. 대한민국 국민으로 꼭 한 번 와 보고 싶었고, 독립운동을 한 남편도 국가를 위해 목숨을 바친 영령들이 있는 곳에 와 보고 싶었을 것이라고 하며 남편 몫까지 함께 순국선열들의 명복을 빌었다.

그녀는 나이 81세에 평생 방물장사를 해서 번 돈으로 산 땅을 마을회관 터로 기증하고 4일간 앓다가 생전에 바라던 대로 남에게 폐 끼치는 일 없이 조용히 숨을 거두었다. 그녀의 긴 삶이 남긴 족적에 대해 내가 아는 부분은 깃털 한 개보다 적을 것이다. 70이 넘은 제자가 먼 지난 날을 회상하며 그 부부의 얘기를 들려주었다.

그는 스승이 남긴 애국심 넘치는 강의와 좌우명이 기록

된 노트와 손을 댈 수 없을 정도로 낡은 독립선언서, 많은 애기를 담고 있는 사진들과 제자들의 추모사, 그녀가 제자들에게 지어준 여러 편의 화가(和歌)를 고이 간직한 것들을 보여 주면서 사모님과 선생님을 떠올리며 눈시울을 붉혔다. 그 제자는 지금도 그분들이 나란히 묻혀 있는 무덤을 돌보고 있다. 선생님의 무덤 앞에 심은 무궁화와 사모님을 지키고 있는 불두화는 그분들의 품고 있던 많은 사연을 알리려는 듯 해마다 피고 진다.

그들이 뿌린 씨앗이 얼마나 크고 넓기에 세상을 떠난 지 반세기가 지났는데 스승과 사모님을 찾는 제자들의 발길이 끊이지 않는 것일까. 요즘은 일본에 있는 형제와 친척들도 무덤을 찾아와서 묘를 정성들여 잘 보살피고 있는 제자들에게 고마워한다.

지금은 가고 없지만 그 부부의 흔적은 산북면 사람들의 가슴 속에 아직도 살아 있다. 한 사람의 그늘이 이렇게 넓고 깊게 드리워져 많은 사람들의 삶에 빛을 던진다.

화려한 조명 아래에서 선행을 행하는 사람도 있지만, 보이지 않는 곳에서 다른 이들에게 은혜를 베푸는 사람도 있다. 그들의 마음은 진실하고 그 의도는 순수하기에 더 값지고 귀하게 여겨진다.

고리 끊긴 인연

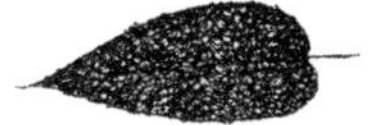

우리는 일생 동안 많은 인연을, 엮으며 살아가고 있다. 평생 흐뭇하게 이어가는 인연도 있고, 떨쳐 버리지도 못하고 가슴 아파하면서 이어져 가는 인연도 있다. 긴 인연, 짧은 인연 순간적인 만남의 인연…. 인연은 씨줄과 날줄이 되어 우리의 삶에 아롱진 무늬를 새긴다.

새벽에 걸려오는 전화는 늘 가슴을 떨게 한다. 며칠 전, 새벽에 걸려온 전화도 후레리 박사의 사망 소식이었다. 그분은 6·25 직후 한국에 와서 25년간 한국을 위해 일을 한 미국인이다.

후레리 박사는 한국에 거주하는 미국인이 드물던 1950년대에 와서 평생 결혼도 하지 않고 혼자 사신 분이다.

미국으로 돌아가 일하다 퇴직한 후에도 자원봉사자로 세상을 떠나기 한 해 전인 74세까지 사회복지를 위해 헌신을 했다.

남편은 후레리 박사와 함께 20년이 넘게 일을 했기 때문에, 그의 모습을 늘 가까이에서 볼 수 있었다. 성실한 분이셨던 그분이 일하고 있는 사무실의 분위기가 좋아 아이들 데리고 가끔 가보면 언제나 산더미 같은 서류 속에 파묻혀 일하고 있는 그의 모습을 볼 수 있었다. 때때로 그는 집에서 조촐한 파티를 열어 직원 가족들에게 서양요리를 대접했고, 철마다 유서 깊고 경치 좋은 고장으로 가족 나들이를 주선한 자상한 면모를 가지기도 했다. 그를 집에 초대하여 한국음식을 대접하면 찬사를 끊임없이 하며 한 가족같이 어울렸다.

25년 동안 우리나라를 위해 일하면서 그가 이루어 놓은 업적은 헤아릴 수 없이 많다. 한국에서 그가 추진한 사업은 자립할 능력이 없는 농어촌이 스스로 살아갈 수 있도록 도와주는 일이었다. 전국적으로 생활이 어려운 지역을 선정하여 다리도 놓아주고, 전기와 전화도 가설하였으며, 지역 특성에 맞는 특작물을 재배할 수 있도록 자금도 대주었다. 지역주민이 모여 회의도 하고, 일도 할 수 있는 마을회관도 지어 주었다. 농번기에 일손을 덜어줄 탁아소와 유치원을 만들어 운영하도록 도와주기도 했다. 새마을운동이 일어나기 전에 지역발전을 위해 한 일이니 새마을운동의 효시 역할을 한 셈이다.

그는 우리 정부에서 주는 공로상도 많이 받았다. 미국으로 돌아간 뒤에도 외국에 나올 일이 있으면 꼭 한국에 들렀고, 한국에 와서 휴가를 보내는 것을 제일 좋아했다. 나이 들어 한국인 가정과 연을 맺어 수양아들과 며느리, 손자들의 사랑 속에 살다가 미국으로 갔기 때문에 한국을 더 그리워했을 것이다.

부음을 듣고 고맙게 살다간 그의 족적을 더듬어 보지만 내가 알고 있는 그의 모습은 빙산의 일각일 뿐이다. 외국인들 중에는 우리나라의 발전을 위해 평생을 봉사하면서 사는 사람도 많지만, 후레리씨 만큼 많은 일을 한 사람도 드물 것이라는 생각이다.

후레리 박사가 한국에 오게 된 동기가 무엇이며, 결혼도 안하고 왜 한국에서 그 긴 세월을 보냈으며, 한국인을 위해 생애를 바쳤는지 알 길은 없다. 그가 일하고 있는 모습을 보면 외국인이라는 생각이 들지 않을 정도로 한국 사람 같아서 물과 공기처럼 편안하게 생각되었다.

그는 미국으로 돌아간 뒤에도 가끔 잘 있다는 소식이 들려 늘 반가웠다. 그의 부음을 듣고 나서야 그가 우리 마음속에 큰 자리를 차지하고 있었음을 깨닫는다. 그의 성실하고 정직한 봉사의 자세는 본보기가 되어 우리 가족에게도 좋은 영향을 주었다.

국내를 여행할 때면 그가 남기고 간 흔적이 종종 눈에 띈다. 다리와 우물, 표고버섯 재배단지, 가축들, 마을회관 김과 미역 양식장… 그 지역 주민들에게 삶의 터전을 제공하고 있는 것들이다.

여주시 산북면의 마을회관도 그의 공로로 이루어졌다. 이 건물을 지을 때 동네사람들은 양옥으로 지어달라고 했지만, 우리나라 고예술에도 조예가 깊었던 그는 한옥으로 지을 것을 고집했다. 그때 최고의 솜씨를 갖춘 한옥 설계사와 목수가 자연과 조화시킨 한옥을 지어 완공한 후 회관과 탁아소, 유치원으로 사용되었다. 30여 년이 지난 지금, 그 한옥은 고풍스럽고 품위 있는 자태로 남아있다. 한국인보다 더 한국적인 것을 아꼈던 그의 선견지명에 요즘 동네사람들도 감탄을 한다.

긴 인연을 맺었던 사람이 우리 곁을 떠났다. 어느 해, 음력 설날 아침 전화를 했더니, 한국을 생각하고 있었는데 소식 주어 고맙다고 울먹이던 목소리가 아직도 귓가에 들리는 듯한데 그는 이미 이 세상 사람이 아니다.

인연의 고리가 또 한 가닥 끊어지고, 그는 우리에게서 서서히 잊혀지겠지만, 그가 남기고 간 많은 흔적들은 어떻게 지워질 수 있을까. 한국인이 아니면서 한국의 얼을 깊이 심고 간 그는 가장 한국인다운 미국인이었다.

60여 년 만의 해후

조금 이른 여름휴가를 영동으로 떠났다.

말로만 듣던 6·25전쟁 당시 남편의 주둔지를 돌아보려고 계획한 것이다. 치열한 전투가 벌어졌다던 설악산은 어디에도 포탄 자국이나 총성을 찾을 수 없다. 짙어가는 신록이 여름의 초입에 들어섰음을 알려줄 뿐이다. 담담하게 설악산을 바라보는 남편의 눈은 무엇을 찾고 있는 것일까. 그의 가슴에는 아직도 과거의 어두운 그림자가 짙게 드리워져 있을지도 모른다.

남편과 긴 세월을 살아오면서 그가 고등학교 2학년이었던 18세 때 겪은 6·25전쟁 이야기를 종종 들어왔다. 전쟁이 시작된 그 해 8월에 입대해서 가장 치열한 전투에

투입되어 헤아릴 수 없이 많이 넘긴 죽을 고비들, 인민군에 포위당해 포로가 될 뻔한 일, 탱크에서 포를 쏘면 탱크 안으로 퍼져 들던 포탄 냄새와 연기로 고생하던 얘기, 대낮 같은 달밤에 장작 모양으로 트럭에 실려 온 많은 전사자들을 밤새도록 화장하여 유골이 서로 바뀌지 않도록 수습하던 일, 왕겨에 구른 것처럼 비로 쓸어 내야 할 만큼 이를 몸에 붙이고 다니던 일, 미처 도착하지 못한 보급품 때문에 며칠씩 굶주리기도 하고, 꽁꽁 언 밥덩이를 먹었던 일, 어느 얘기 하나 가슴 아프지 않은 사연이 없다. 그는 넓적다리에 총상을 입고도 제대할 때까지 전장의 포화 속을 누볐다.

이제 나이 들어 예전에 주둔했던 산과 절, 동네를 차분히 돌아본다. 신흥사에서는 금당과 강당, 당간지주, 사리탑에 관심을 가지고 보는 나와는 달리 남편은 6·25때 절이 불타 없어지지 않았다는 사실에 더 감격하는 듯했다. 그때 신흥사는 야전사령부와 병원으로 사용되었다고 한다. 칠성각에 굴러다니는 불경을 땔감으로 밥을 짓고, 강당에서는 부상자를 치료했으며, 불당에서는 장교들이 침식을 하면서 전쟁을 지휘했다고 한다. 또 다른 주둔지였던 간성의 건봉사는 육이오 당시 불타 없어졌는데 절을 다시 지었다.

언제 죽을지 모르는 긴박한 상황에서 약관도 채 안된 젊은이들은 무슨 생각을 하면서 전쟁에 임했을까. 그 와중에도 틈만 나면 부대원 중에서 강사를 뽑아 '인생과 철학' '문학' 같은 주제로 세미나를 했다고 한다. 피 끓는 청년들이 목숨이 위태로운 상황 속에서도 인생에 대해 고뇌하던 모습이 눈물겹게 다가온다.

젊은 병사들의 토론을 지켜보면서 조언을 해주던 군의관이 있었다. 지금은 세상을 떠난 분인데, 한평생 의사 직업을 가졌음에도 청렴하게 살았다. 상이군인으로 제대한 남편은 그분을 부모님처럼 생각하고 시간이 날 때마다 찾아뵈었다.

그때의 전우들은 대부분 전사했고, 긴 세월이 흐른 지금은 몇 명만이 가끔 모임을 갖는다. 그들 중에는 관직에 있는 사람도, 교수와 약사도 있으며, 전쟁 중에 입은 부상으로 고생하며 사는 사람도 있다.

비 온 뒤의 푸르러진 산야와 평화롭게 너울대는 바다를 바라보며 통일전망대를 찾았다. 구름이 끼어 북녘 땅을 볼 수 없었지만 분단의 비극은 아직도 눈앞에 남아 있다. 통일 전망대 주위 야산의 나무들은 다 타버려 흉한 모습으로 서 있다. 이쪽 상태를 염탐하기 위해 북쪽에서 날려 보낸 불씨에 나무들이 타버렸기 때문이다. 전쟁은 사람과 자연이 함께 아픔을 겪는 비극을 몰고 온다.

6·25를 겪은 세대가 모두 세상을 떠난다면 아무도 전쟁이 있었다는 것에 관심을 가질 사람이 없을 것이다. 동족끼리 총을 겨누고 죽느냐 죽이느냐의 가슴 아픈 상황을 겪은 사람들은 전쟁을 일으킨 자들을 용서하고 싶은 마음이 쉽게 없어지지 않을 것 같다.

남편은 아이들에게는 전쟁 얘기를 들려주지 않는다. 자라는 아이들에게 동족끼리 싸운 끔찍한 상황들을 입에 담고 싶지 않아서였을까.

주둔지에 설 때마다 옛 기억이 더 뚜렷해지는지 많은 얘기를 들려준다. 그 많은 처절한 사연들을 어떻게 가슴 깊이 묻어둘 수 있었을까. 울기도 하고 웃기도 하면서 열심히 듣는 내 모습을 보면서 남편은 무슨 생각을 할까.

부상으로 제대한 지 60여 년이 지났지만 지금도 흐린 날이면 총 맞은 부위의 통증을 호소하고 괴로워한다. 겉으로 보기에는 멀쩡한데 총알이 박혔던 상처의 통증은 아직도 남아 있다.

남편은 살아오는 동안 항상 감사하며 세상만사에 대해

서 초연한 태도를 잃지 않았다. 전쟁에서 죽어간 많은 사람을 보았고, 극한 상황까지 체험했던 탓에 대범한 마음을 가질 수 있었던 것 같다.

남편이 주둔했던 설악산, 속초의 부월리, 간성, 대진, 중공군의 춘계 공세로 밀려 내려갔던 강릉, 이제는 평화롭고 아름답기만 한 그곳이 남편의 눈에는 어떻게 비쳐졌을까.

60여 년 만에 찾은 전장의 변모는 그에게 어떻게 받아들여질지 모르겠지만, 솜털도 가시지 않은 어린 소년이 겪었던 전쟁의 상처가 이제는 완전히 치유되어 잊혀지길 바란다. 남편의 가슴에 새겨진 상처이기에 더 가슴 아픈 옛 전쟁터를 떠나 다시 현실로 돌아오기 위해 집으로 향했다.

유년의 별빛을 찾아서

미지의 세계에 대한 호기심이 나이가 들어 사라져 버린 줄 알았는데, 잊혀져 있었을 뿐이었다.

되풀이 되는 일상에서 벗어나 신선한 감각을 되살리고 싶어 '별자리 캠프'에 참여하기로 신청을 했다. 2박 3일의 일정으로 별자리를 탐색하는 행사다. 참석자들 중에 나이 든 사람은 친구 K와 나뿐이다. 젊은이들 틈에 끼어 어색해하는 우리에게 그들은 고맙게도 함께 어울릴 수 있도록 분위기를 만들어 준다. 색다른 모임에 참석한 용기를 높이 사며 다음 기회에는 어머니를 모시고 와야겠다는 젊은이들도 있다.

가평군 상판리의 수없이 반짝이는 별빛은 비온 뒤 맑은 하늘 저쪽으로 나를 이끈다. 눈 깜짝할 새도 없이 사라지는 별똥별과 날아다니는 반딧불이, 세 개의 인공위성은 과거와 현재, 자연과 인공의 세계를 넘나들게 한다.

밤하늘에 별이 없다면 얼마나 삭막할까. 도시의 생활이 각박하다고 생각되는 것은 맑은 별빛을 가슴에 품을 여유도 없이 살고 있기 때문일까. 지금 이 순간 산골의 별이 아무리 밝고 맑다 해도 어릴 때의 별빛만큼 영롱하지 않음은, 유년의 추억이 어린 별빛이 더 빛나기 때문이리라.

일정한 형태를 이룬 별자리에는 지상에 살고 있는 사람들의 꿈과 희망을 담은 재미있고 슬픈 이야기가 전해진다. 오르페우스가 사랑하는 아내 에루리디케를 잃은 슬픔에 못 이겨 죽었을 때, 제우스신이 그의 하프를 하늘로 올려 보내 모든 사람들이 그의 음악을 영원히 기억하게 했다는 거문고자리, 제우스신이 스파르타의 왕비인 레다의 아름다움에 매혹되어 그녀를 유혹하러 갈 때, 질투가 심한 아내 헤라에게 들킬까봐 고니 모습을 하고 땅에 내려 왔다는 백조자리, 독수리자리, 땅꾼자리, 헤라클레스자리. 은하수 양쪽의 견우와 직녀 자리, 북두칠성 자리들. 망원경 속에 비친 작은 공만한 별에도 우리와 같은 생명체가 살고 있을 것 같아 호기심을 더해준다.

별은 끊임없이 폭발하여 소멸되고 다시 새로운 별로 생

성된다고 하며, 어린별은 생성된 지 10만 년, 늙은 별은 수백억 년이 된다고 한다. 인간의 운명을 예언하는 점성술을 생각해 보면, 오래전에 생긴 별이 우주 안에서 티끌보다 더 작은 인간의 운명에 어떻게 작용을 한다는 것인지 이해하기가 어렵다.

1천억, 2천억 개의 별이 모여 은하계를 이루고, 우리 눈에 보이는 은하계 너머에 1천여 개가 넘는 은하계가 또 있다니 우주는 얼마나 광대한 공간인가. 200만 년 전에 별을 떠난 빛이 지금 이 순간에 우리 눈에 보인다고 한다. 너무도 작은 인간의 존재에 마음은 한없이 숙연해진다.

우리에게는 무한이라고 느껴지는 상황이 많다. 인간의 생명과 두뇌. 인간들이 지닌 다양한 능력의 표출, 쏟아져 나오는 책, 자연의 신비. 이런 것들에 비교하더라도 우주라는 공간은 상상을 초월하는 무한대다. 배워야할 지식과 우주의 크기가 같다는 얘기가 실감된다.

별자리를 보러 간다기에 많은 기대를 했는데, 초라하다고 느껴질 만큼 시설은 간단했다. 별에 대한 관심을 대중화하기 위해 모임을 만들었다는 그들은 있는 정성을 다하여 망원경 속에 보이는 별과 별자리에 대하여 한 가지라도 더 알려 주려고 애를 쓴다.

그날 밤, 낮에는 거울로, 밤에는 랜턴을 비추며 산 속에서 UFO와 조우하려는 사람들과 만났다. 그들은 정말 UFO가 있다고 확신하는 사람들이었다. 그들에게서 한 시간에 걸친 UFO에 대한 강의를 들으면서 황당하다고 생각했던 논리가 어느 정도 수긍이 가는 것 같다. 이 넓은 우주에 고도화된 문명인이 있는 별이 1%가 될 것이라고 예측한다니 언젠가 우주인을 만날 수도 있겠다는 생각이 들었다.

우리나라에서 별과 UFO에 대한 연구는 후진성을 벗어나지 못하고 있다고 한다. 눈앞에 보이는 문제 해결에 급급한 정책에서 벗어나 조금만 눈을 돌려 뒷전에서 묵묵히 자기 길을 어렵게 가고 있는 사람들을 위해 마음을 써 주어야 고른 발전을 이루지 않을까. 선진국 대열에 들어선다고 하지만 뒤떨어진 분야를 위해 더 많은 관심을 기울여 제1, 제2, 제3, 제4의 문화를 발전시키며 창조해 나가는 노력이 다른 나라보다 앞서가는 길일 것이다.

간식으로 나온 감자와 옥수수가 맑은 공기 속에서 더 맛있게 느껴진다. 무한한 우주를 느끼며 바라보는 나무와 돌 들꽃과 흐르는 맑은 물이 인간의 생각으로는 풀 수 없는 큰 섭리를 지닌 듯해 신비로움마저 느끼게 한다. 눈을 들어 하늘을 보니 유달리 맑고 큰 별 하나가 보인다. 자연과 생명의 순수함이 충만한 기운으로 주변을 감싸고 좀 더 자연스럽고 겸허하게 살아야겠다는 마음이 절로 든다.

무한의 우주 속에 수많은 별이 아무리 아름답고 많지만 생명이 없어 생성과 소멸을 반복하면서도 서로 인연의 끈을 맺지 못한다. 사람은 태어나고, 죽으면서 생명으로 이어지니 끝을 알 수 없는 인연의 고리를 맺는다. 우주 안에 존재하는 모든 것들 중 인간만큼 귀한 것이 없다는 생각을 한다.

사람은 저마다 아름다운 향기를 품고, 고운 꿈과 추억을 간직하며 우주 속에서 당당히 살아가고 있다. 우주가 아무리 넓다 해도 이 순간 나는 땅을 딛고 서 있는 것만으로도 행복하다.

살아 있기에, 내 가슴에 별이 있기에….

작설차 한 잔

다도(茶道)를 통한 수행은 고아(高雅)한 인품을 추구한다.

차의 고장 보성으로 설레는 마음을 안고 간다. 보성에 들어서자 평지에서 산꼭대기까지 질서정연하게 늘어서 있는 차나무 잎이 녹색의 바다처럼 눈앞에 펼쳐진다. 간간이 불어오는 바닷바람에 차 잎이 파도처럼 일렁이는 것 같다.

보성은 바다와 인접한 지역이라 이곳의 해양성 기후는 안개가 자주 끼고 수분이 풍부해 차가 자라기에 좋은 조건이라고 한다.

차 중에서 곡우 전에 딴 우전차를 상등품으로 친다지만, 우리 일행은 늦차라도 따보려고 차밭으로 흩어졌다.

차밭에 군데군데 놓여진 커다란 항아리는 차나무와 어우러져 멋을 더한다.

곡우가 지나 무성해진 차잎들 사이에서 혀를 내밀고 있는 참새처럼 생긴 고운 연두색의 여린 순을 딴다. 불 앞에서 차를 덖는 일은 덥고 힘들어 땀이 많이 흐른다. 누군가 차 맛에 소금기가 느껴지는 것은 덖는 과정에서 흘린 땀이 섞여서라고 우스갯소리를 한다.

곡우 후에 나오는 차순은 기계로 따서인지 차나무들이 깎아 놓은 듯 가지런하다. 차를 만드는 공정이 힘들고 인건비가 많이 들어서인지 기계로 딴 차도 기계로 덖는다고 한다. 차에 밴 정성과 손맛이 들어가지 않아 차의 깊은 맛도 덜 우러나는 것은 아닐까. 차는 마시고 난 후의 여향(餘香)이 더 좋은데, 기계에서 나온 차가 깊은 향을 지니고 있을지.

차는 기호품 이상으로 우리 문화에도 많은 영향을 주었다. 차를 주제로 시가 쓰였고, 다구는 공예 발달에 공헌을 했으며, 품격 높은 다실이나 정원이 생겼다. 조선시대의 회화 중에는 차를 끓이는 장면이 많이 등장한다.

산꼭대기까지 펼쳐진 차밭을 구경하고, 이마에 솟은 땀

을 식히려고 다원(茶園)에 들어섰다. 차나무와 대숲에 둘러싸인 다원에서 오랫동안 차를 만진 분이 끓여주는 차맛은 더 향긋했다. 차를 마시면 머리가 맑아진다고 하는데 눈을 감고 느껴본다.

차는 장소와 때, 분위기와 차를 끓이는 정성, 마시는 마음가짐에 따라 맛이 달라진다는데, 다도도 잘 모르는 채 차를 마시니 제대로 그 맛을 음미할 수 있을까. 완벽하게 보관이 잘 된 차만이 차의 참맛을 지니고 있다고 한다. 작설차 한 잔에 담긴 미학을 이해하려면 차를 알고, 긴 세월 차를 가까이하며, 차를 아끼지 않고는 어려울 것 같다. 요즘처럼 혼탁한 세태 속에 다도를 몸에 익힌다면 맑고 진실한 태도로 세상을 살아갈 수 있지 않을까. 다도라면 어렵고 멀게만 생각이 드는데, 다도를 쉽게 접하고 배울 수 있는 여건이 마련된다면 차와 좀 더 친숙해질 수 있을 것이며, 녹차가 국민의 차로 정착하는 지름길이 될 것이다.

주위에 차 마시는 사람이 많이 늘어간다. 건강에 대한 염려 때문인지 커피 대신 녹차를 선호하는 쪽으로 취향이 바뀌는 것 같다. 차는 음료로도 많이 마시지만 요즘은 식재료로도 쓰인다. 빵과 떡, 아이스크림, 밥 짓는데도 넣고 음식 조리에 차 잎을 넣으면 차의 맛과 향이 배어 음식의 향취를 더 하는 것 같다. 우려낸 차 잎은 화분의 비료로도 효과가 좋다니 차는 버릴 것 하나 없이 그 쓰임새가 다양하다.

우리나라에는 차나무가 재래종 한 가지밖에 없다는 얘기를 들었는데, 1992년에 설립된 보성의 차 시험장에서 전국 이백여 군데의 자생 차나무를 채집해서 연구하고 있었다. 중국에는 차나무가 40여 종이 있고, 일본은 60여 종이 있다지만 차 맛은 우리나라가 으뜸이라고 한다.

보성의 차시험장에서 차나무 두 그루를 얻었다. 차는 선비정신을 상징하듯, 직근이라 옮겨 심으면 잘 살지 못한다. 씨를 뿌려 한 뼘 정도 자란 차나무를 보물인 양 품고 왔다. 잘 키워 나무도 즐기고, 차도 만들어 보고, 음식 만드는데도 쓰려한다. 군산 이북에서는 차나무가 겨울에 얼어 죽는다니 서울의 추위를 잘 넘기려면 집 안에 두고 정성을 들여야 할 것이다.

찬장에 넣어 놓고 눈으로만 즐기던 다기를 꺼내 정성들여 닦는다. 차 한 잔 속에는 우리의 멋과 맛, 선비정신과 부덕의 모든 것이 함축되어 있다. 차 한 잔 앞에 놓고 뜻 맞는 벗들과 담소도 하고, 인생의 참 멋을 느낄 수 있다면 여향은 또 얼마나 깊고 풍부할까.

깊어가는 밤, 하루 동안 묻은 세상의 분진을 말끔히 씻어내려고 한 잔의 차를 우린다.

검은 접시꽃

하느님이 사람을 만들 때, 백인종은 덜 구워 희고, 황인종은 적당히 잘 구워 갈색이고, 흑인종은 지나치게 구워 까맣게 되었다는 우스갯소리가 있다.

남, 북미 대륙에 수천 년 동안 살아온 인디언과 호주, 뉴질랜드의 원주민은 훌륭한 문화를 가진 종족이다. 백인종은 발견이니 개척이니 하는 허울 좋은 명목으로 그들이 살고 있는 땅을 빼앗고 짐승처럼 살해했다. 백인은 덜 구워진 머리로 어떻게 그 땅을 점령할 수 있었을까. 자연속에서 순응하며 더불어 살던 인디언과 인디오, 아프리카 흑인들은 왜 그렇게 백인에게 짓밟혔을까. 지구상에 존재하는 모든 인간은 같은 지능과 감정을 가지고 살고 있는데 무엇 때문에 백인은 우월주의니, 백호주의니 하면서 유색인종을 멸시했을까. 일본이나 우리나라가 선진국 대열에 들어서 잘 살고 있고, 유색인종도 세계 각처에서 이름을 날리며 살고 있는 세상이 되었다.

지난해, 아프리카 튀니지의 접시꽃 씨앗 5개가 손에 들어왔다. 더운 지방에서 살던 꽃이 사계가 뚜렷한 온대지방의 노지에서 싹을 틔우고 살아갈 수 있을지 걱정스러웠지만 심은 씨가 모두 싹이 터 잘 자랐다. 토종 접시꽃은 힘들이지 않고 뽑힐 정도로 뿌리가 얕게 내렸는데, 아프리카 꽃은 모종을 옮기려고 파보니 뿌리가 깊이 박혀 파내기가 힘들었다. 사막에서 살던 습성으로 깊은 곳에 있는 물을 흡수 하려고 뿌리를 길게 뻗은 때문일까. 본능에 따라 생존의 방식을 터득하는 능력이 놀랍다.

6월이 되니 줄기마다 많은 봉오리가 맺혔다. 우리나라 접시꽃은 진분홍과 흰색이 아름다운데, 아프리카 접시꽃은 어떤 색으로 피어날지 궁금했다. 수줍게 고개 내민 튀니지의 접시꽃은 검은색에 가까운 진한 자주색이었다. 꽃빛깔도 제 태어난 곳의 사람을 닮나 싶다. 꽃 모양도 우리나라 꽃은 끝부분에 약간씩 모가 나 있는데 튀니지 꽃은 둥글둥글하고 납작하여 둥근 코를 가진 아프리카 사람을 연상케 한다. 꽃의 생김새도 뿌리를 내리는 고장의 사람들을 닮아가는 것일까. 지역마다 같은 종의 꽃이라도 빛깔이나 생김새가 다른 것이 신기하다.

이 접시꽃은 한여름 내 꽃을 잘 피우다가 가을을 맞아 씨앗도 영글었다. 겨울이 되어 얼어 죽을 줄 알았는데, 금년 봄 신기하게도 한 포기에서 싹이 나왔다. 사철 더운 나라에서 살며 추위를 몰랐을 텐데, 그 모진 추위를 어떻게 견뎠을까. 받아 놓은 씨를 뿌렸더니 여러 포기로 늘어났다.

금년에도 7월에 탐스러운 꽃이 피었다. 검게 핀 꽃에 '검은 접시꽃'이라고 이름을 붙였다. 태어난 고장에서 꽃을 피웠다면 엄동을 견뎌내는 혹독한 고생은 하지 않았을 텐데. 우리나라 꽃은 키도 크고 줄기도 실하게 많이 퍼져 탐스럽게 자랐는데 월동을 한 아프리카 꽃은 키도 작고 포기도 덜 퍼졌다.

'검은 접시꽃'을 보며 고국을 떠나 새로운 땅에 뿌리를 내리려고 고생하는 사람들을 생각한다. 강인한 의지력으로 온 세계에 퍼져나가 사는 교포들이 성공하여 잘 산다는 소식이 들리면 그렇게 되기까지의 노력을 헤아리면서 고맙고 자랑스럽다. 고국에서 살았다면 화목하게 가정을 지켰을 사람들이 이민 가서 가정이 망가진 경우도 있다는 얘기를 많이 들었다. 다섯 포기 중에서 겨울을 잘 견디고 살아난 접시꽃이 한 포기뿐이었던 것처럼 다른 나라에서 성공하는 사람은 얼마나 될까. 그들에게 박수를 보내며 용기를 주고 싶다.

친구가 이민간 지 30년이 넘었다. 고향에서 살았다면 남편이 유수기업체의 간부로 사모님 소리 들으면서 평생 남부럽지 않은 생활을 했을 것이다. 좋은 환경에서 아이들 교육 시키겠다고 간 이민이다. 친구는 30여 년 동안 옷 만드는 공장에서 노동자로 일하면서 내조를 했고, 지금은 세탁소를 하고 있다. 그 나이에 세탁소를 하고 있으니 힘이 많이 들 것 같다. 이국의 처녀를 며느리로 맞은 친구는 자녀들이 넓은 땅에서 각기 흩어져 살고 있어 서로 얼굴 보기도 힘들다고 한다.

살아온 과정이야 어떻든 목표를 향해 남에게 폐 끼치지 않고 열심히 살았다면 성공한 삶이라는 생각이다. 어떻게 살아야 잘산 것인지는 아무도 판단할 수 없다. 본인 자신도 자기의 살아온 자취에 대해 '잘 살았구나' '잘못 살았구나' 하고 가늠하기는 어려운 일이다.

'검은 접시꽃'을 보면서 고향과 조국, 자식, 친지, 이웃을 떠올려 본다. 살아온 날들을 돌아보며 뿌리내린 고향에서 살고 있는 것만으로도 큰 행복이라는 생각을 한다. 모든 생물은 태어난 곳에서 자라고 생활하고 죽음을 맞는 것이 가장 편안한 삶일 것이다.

땅 속 깊숙이 뿌리박고 자라면서 모진 추위도 잘 견딘 '검은 접시꽃'처럼 고향을 멀리 떠나 살고 있는 모든 사람들이 튼튼한 뿌리를 내리고 잘 살았으면 좋겠다.

하느님이 알맞게 구워낸 황인종의 기개를 활짝 펴서 멋진 삶을 살도록 힘찬 응원을 보낸다.

숯가마가 있는 집

참숯불에 굽는 음식 냄새는 늘 먼 기억 속의 아름다웠던 일을 불러온다. 그 속에는 부모님의 향기와 함께 자란 형제, 동무들의 얼굴, 뛰어 놀던 푸른 숲도 있다.

내가 사는 마을은 천진암이 가까운 곳이다. 조선조 천주교 박해 때 신자들이 숨어 들어와 은신하며, 생계를 위해 옹기그릇과 숯을 구워 팔았다는 이야기가 전해올 만큼 산이 깊다. 지금도 구교집안이라고 알려진 몇 가정이 있다.

깊은 산속에서 생계를 위해 지내던 사람들이, 길이 뚫리고 아스팔트가 깔리고부터는 숯 굽는 일에서 거의 손을 뗐다. 숯가마에서 숯을 굽고 있는 집은 한 집뿐이다.

숯 굽는 날이 되면 온 동네가 숯가마에서 나는 냄새와

연기 속에 갇혀 버린다. 맑은 날 숯가마에서 나는 연기는 그대로 피어올라 흩어지지만, 구름이 낀 흐린 날에는 참나무 타는 연기가 동네 지붕 위로 나직하게 깔려 숨 쉬기도 힘들다. 비라도 한 줄기 뿌리면 뜨거운 숯가마에서 하얀 수증기가 사방으로 뿜어져 나와 안개처럼 퍼진다. 밤이면 숯을 굽느라고 때는 나무의 불꽃이 아궁이 밖으로 튀어나와 반딧불처럼 빛을 발하며 어둠 속으로 점점이 흩어져 숯을 굽고 있음을 알린다.

숯가마는 땅 위에 직경 5m정도 되는 굴을 만들어 사람이 들어가 설 수 있도록 했으며, 흙과 돌로 벽을 쌓았다. 외부와 완전히 차단하여 공기가 통하지 않게 했고, 아궁이와 굴뚝으로만 공기가 드나들게 되어 있다. 숯굽기에 적당한 참나무를 가마에 들어갈 만하게 잘라 가마 안에 차곡차곡 세워놓고, 가로 1.5m 세로 1m 되는 아궁이에 소나무 장작으로 불을 지핀다.

5시간 동안 불을 땐 후 아궁이 입구에 굵은 통나무 여러 개를 가로질러 막고, 그 틈 사이는 흙으로 꼭 봉한다. 가마 안에서 참나무가 흰 연기를 내뿜으며 5일간 타고 흰 연기가 새파란 불꽃으로 변하기 시작할 때, 굴뚝까지 완전히 막는다. 숯은 흑탄과 백탄의 두 종류가 있는데, 이

집에서 만들어지는 숯은 흑탄이다. 흑탄은 700도의 온도로 구운 다음 가마 안에 며칠간 그대로 두었다가 100도 정도로 식으면 꺼낸다. 젖은 참나무가 타는 동안 오지로 만든 굴뚝에서는 생나무에서 나오는 수분과 참나무진이 타면서 물방울이 쉴새 없이 떨어진다.

어느 날 오지 굴뚝이 함석으로 만든 현대식 굴뚝으로 바뀌고, 넓은 챙을 달아 이웃을 괴롭히던 연기도 모으고 땅속으로 스며들어 없어지던 수분을 받아쓰려고 굴뚝 아래에 물방울을 받는 큰 통을 달아 놓았다. 참나무가 타면서 나오는 수분은 화훼재배에 좋은 양분이 되고, 과수원에서도 농약과 함께 요긴하게 쓰이는데, 땅 힘을 좋게 하고, 병충해에도 강하게 만들며, 식물의 뿌리를 튼튼하게 한다.

숯부대는 예전에는 싸리, 억새, 조 짚으로 만든 것을 사용했지만 요즘은 마대로 바뀌었다. 숯은 나무모양 그대로인 것과 토막 난 숯, 가루가 된 숯이 있는데, 가루로 된 숯은 공장에서 납을 녹이는데 쓰인다며 창고에 쌓아놓은 숯포를 구경시켜주는 주인은 숯의 판로를 설명하며 자랑스러운 표정이다.

숯을 굽는 것도 숙련된 기술이 필요한데, 재능을 가진

장인들이 천시 당하고 착취당하던 시대를 생각하면, 한 집이라도 숯 굽는 명맥을 이어가고 있다는 사실이 다행이다. 연탄이 나오기 전까지 취사용으로 요긴하게 쓰인 숯에는 많은 애환과 꿈이 서려 있다. 부엌에 참숯 한 포가 들어앉으면 마음은 부자가 된다. 숯은 화로에 담겨 방안을 따듯하게 하고, 풍로에 피워져 각가지 음식을 만들며, 쇠다리미에 채워져 옷을 다리는 데 쓰였다.

연탄이 나온 뒤, 숯은 자취를 감추었고, 특별한 손님을 접대할 때나 음식점에서 많이 쓰이던 숯조차도 지금은 인공 숯에 밀려 구경하기가 힘들다. 장작을 때서 밥을 짓던 시절에는 불을 때고 난 후 생기는 숯을 갈무리하여 썼지만 참숯만큼 화력이 좋지 못했다.

뜨거운 불 속에서 견디고 나온 숯의 강인함이 잡귀를 물리친다는 믿음에서 아기를 출산한 집의 인줄에 소나무, 고추와 함께 숯을 걸기도 하고, 생참나무가 타면서 생기는 무수한 구멍에 미세한 입자가 흡착하여 잡균을 흡수하므로 장 담글 때 고추와 함께 항아리에 띄우기도 한다. 갈비와 불고기, 김 북어, 더덕 같은 것은 숯불에 구워야 더 좋은 맛이 난다. 참나무와 소나무가 타는 향이 어우러져 음식에 배어 맛을 좋게 하는 것인가.

손으로 빚은 도기와 자연 상태의 참나무는 같은 열과 정성으로 구워지지만, 도기는 예술품이라는 찬탄을 받으며 길이 보존되고, 숯은 제 몸을 사르며 사람을 위해 타다가 한 줌의 재로 사라진다. 숯은 검은 색을 품고 있다가 불이 붙어 붉은 색으로 변하면 맡은 소임을 마치고 수명을 다한 뒤, 흰색으로 사그라져 자연으로 돌아간다. 환생의 이치가 생명을 가졌던 나무에게도 있을까.

세상에는 자신을 바쳐 남을 위해 헌신하는 사람들이 많다. 숯이 한 줌의 새로 사그라질 때까지 남을 위해 존재하듯 다른 사람을 위해 봉사하며 자신을 불사르는 삶이 보람된 일인 줄 알면서도 작은 실천도 못하고 늘 부끄러움 속에 살고 있다.

오늘도 숯가마에서는 지난 삶의 후회스러움과 같은 하얀 연기가 피어오르고 있다.

사하라를 생각하다

반복되는 일상에서 벗어나 미지의 세계로 들어가는 여행은 늘 가슴을 설레게 한다. 새로운 풍경, 색다른 음식의 맛, 낯선 이들과의 만남이 주는 신선함, 익숙한 것들을 잠시 떠나기 위해 책과 필기도구를 챙기면서 마음은 들뜨기 시작한다.

기온이 체온보다 높은 섭씨 38도로 올라간 날, 돌아가신 지 80해가 넘은 조부의 제사를 지냈다. 20여 명이 모인 거실은 찜통 그대로다. 하루 종일 가스불을 켜놓고 음식을 만들었으니, 땀은 비 오듯 하고, "조부님, 제사 덕분에 친척들이 모여 즐겁게 하루를 보내니 감사합니다."라는 생각보다는 몸과 마음이 무겁게 느껴질 뿐이다.

이 더위에 제사 지내느라 애썼다며 시원한 바람도 쏘일

겸 회사의 행사지에 같이 가자는 남편을 따라 나섰다. 서울을 무사히 빠져나와 고속도로로 접어든 순간 끝간데없이 이어진 차량 행렬이 시야를 가로막았다. 주차장이 무색하리 만큼 도로는 각종 차로 가득 메워졌는데, 날씨가 워낙 뜨거워서인지 차도에는 고장 난 차들이 즐비하게 서 있어 지체는 더욱 심하다.

기어가다시피 움직이는데 약속 시간은 점점 다가온다. 행사에 축사를 맡은 남편도 시간이 흐를수록 불안해 한다. 막힐 것을 염려하여 예상 시간보다 2시간이나 일찍 나선 길이다. 반도 못가서 약속된 시간을 넘기고 말았으니 큰 낭패다. 약속을 지키지 못한 초조함과 불안으로 마음은 무겁기만 하고, 날개가 있다면 날아가고 싶었던 마음도 시간이 흐르니 체념으로 바뀐다.

찜통더위 속에서 5시간 만에 도착한 조치원 톨게이트 앞에서 우리 차가 고장이 났다. 비상수단으로 배터리를 이용해 간신히 도로 옆으로 차를 몰며 카센터를 찾았다. 카센터에는 우리 차와 같은 이유로 고장 난 차들이 몇 대나 밀려 있다. 순서를 기다리며 땀을 흘리는 내 모습이 안쓰러웠는지 남편은 '사하라'를 생각하라고 한다. '사하라'라는 말을 듣는 순간 지난 시절의 꿈이 아련하게 떠오른다.

젊었을 때, 사하라 여행을 꿈꾸었던 적이 있었다. 좋아하는 사람과 단 둘이서 차 한 대 가지고 사하라를 횡단해 보고 싶었다. 사하라는 미지의 세계에 대한 꿈을 심어 주던 땅이었다. 뜨거운 태양은 알 수 없는 정열을 끓어오르게 했고, 광활한 모래밭 가운데 끝이 안 보이는 한줄기 길은 달려 가보고 싶은 욕망을 부추겼으며, 두건을 쓰고 낙타를 몰고 가는 사람들을 따라 먼 길을 떠나고 싶은 마음을 갖게 했다.

꿈속의 사하라는 젊은 날의 열정이 빚어낸 환상이었을까. 아프리카에는 가보지도 못하고, 뜨거운 여름날 고장 난 자동차 옆에서 이국의 땅 사하라를 상상할 뿐이다.

해질 무렵에야 차 수리가 끝났다. 귀가 길이 또 막힐 것을 염려하여 음료와 먹을 것을 잔뜩 샀다. 제사 끝의 피로는 풀리지도 않은 채, 더위에 지쳐 하루해를 보내고 나니 허망한 마음이다.

살아오면서 때로는 이렇게 돌아가야 할 길이 있음을 안다. 젊은 시절 꿈꾸었던 사하라는 환희와 희망이 빛나는 곳이었다. 그곳에 가고 싶었으나 삶이 가도록 내버려 두지 않았다. 이곳에서의 생활은 내게 사하라는 거친 모래밭과 뜨거운 태양, 독을 품은 전갈이 살고 있는 현실의 땅일 뿐임을 깨우쳐 주었다.

그래도 내 마음 한 편에서는 사하라로 가라고, 젊음과 환희의 땅으로 떠나라고 속삭인다. 전갈이 품은 독보다 강한 생활의 힘이 마비시키지 못하는 게 있는 것일까.

해가 져도 더위는 가시지 않고, 돌아오는 차 안에서 나는 다시 사하라를 꿈꾼다.

오늘 생각나는 인도인 친구

오늘, 오래전에 이웃에 살았던 인도인 친구를 생각한다. 그녀는 인도네시아에 주재하던 인도 부영사 부인이다. 지금은 세월도 많이 흘러 인도도 잘살고 있으니, 그때처럼 열악한 환경 속에서 살지는 않을 것이다.

그 집 두 아들과 우리 아들 둘이 같은 학교 다녔기 때문에 자연스럽게 알게 된 그녀는 화려한 직업처럼 보이는 외교관의 부인이었지만, 검소함과 조국애가 몸에 배어 있어 누구에게나 귀감이 될 여인이었다.

그들은 외교관이면서도 남의 집 방 두 칸을 얻어 세를 살았다. 인도네시아는 인건비가 싸서 대개의 외국인들은 집에서 일하는 사람을 두세 명씩 두고 살았지만, 인구 12억이 넘는 큰 나라에서 온 그녀는 가정부도 두지 않고 살았다. 그 집에는 차도 없어 아이들은 8㎞나 떨어진 학교에 베짜(인도네시아의 세 바퀴 달린 인력거)를 타고 다니다가 우리 아웃이 된 후, 우리 아이들과 함께 우리 차로 통학을 했다. 20여 개국에서 온 아이들이 모인 학교에 차 없이 다닌 아이들은 그들뿐이었다. 부영사의 직책을 가진 외교관인 그녀의 남편도 차가 없어 출장을 다닐 때면 버스를 이용하는 모습을 여러 번 보았다.

상하의 나라인 인도네시아의 창이 많은 집에 커튼 없이 살기 힘들고, 입식 생활을 하도록 지어진 집은 바닥이 시멘트나 돌로 되어 있어 응접세트 없이는 살기가 불편하다. 그녀는 제대로 된 살림살이도 갖추지 못한 채 살고 있었다. 스웨덴에서 인도네시아로 발령받은 지 얼마 되지 않아, 본국에서 가구 살 돈과 커튼 만들 재료가 아직 도착하지 않은 때문이라고 했다. 3, 4개월이 지나도 물건과 돈이 오지 않아 불편한 생활을 계속하는 듯했다. 시장에 가면 쉽게 구할 수 있는 물건을 사다 쓰지 않고, 불편을 감수하면서 본국에서 보내올 때만 기다리면서도 그녀는 불평하지 않고 잘 살았다.

버터와 치즈, 기(우유에서 추출한 기름으로 인도음식을 만드는데 쓰는 기본적인 조미료) 같은 음식 재료들도 배달되는 우유로 직접 집에서 만들어 썼다. 언제나 나만 보면 "형제 같은 사이이니 아무 때나 내 집처럼 생각하고 놀러 오라."고 당부를 했다. 맛있는 음식을 만들었다고 자주 우리를 초대하기도 했다.

철저한 힌두교도인 그녀는 힌두교의 많은 신이 지켜준다는 믿음이 생활 속 깊이 배어 있다. 나에게는 그들이 생활여건이 많이 열악해 보였지만, 그녀가 아무 불평 없이 편안하게 살았던 것은 조국 인도에 대한 사랑과 종교, 오랜 역사와 문화, 이 모든 것들이 그녀의 정직함과 검소함, 긍지를 지탱해 준 힘이라는 생각을 했다. 백만분의 일로 외교관에 합격을 했다는 남편에 대한 자랑스러움도 한몫 했을 것이다.

외교관 부인이면서 몸을 치장한 장신구라고는 팔에 끼고 있는 여러 줄로 된 가느다란 금팔찌뿐이었는데, 결혼할 때 친정어머니에게서 받은 것이라고 무척 아꼈다. 언제나 인도의 고유 의상인 사리를 입었고, 머리는 길게 길러 묶어서 미장원에 가는 일도 없었다.

2년 가까이 이웃으로 살다가 헤어졌다. 그녀는 이별을 아쉬워하면서 가난한 살림에 선물로 줄 만한 것이 없다고 고심하더니 아름다운 사리 한 벌을 주었다. 진한 갈색 바탕에 금색실로 수놓은 비단 옷으로 외교관 부인으로 참석할 파티도 많을 텐데, 그런 장소에 입고 갈 귀한 옷을 나에게 준 그녀의 깊은 마음을 잊을 수가 없다. 고이 간직해 둔 사리를 가끔 꺼내보면, 가난했지만 자부심이 대단했던 그녀의 모습이 생각나고, 아무리 살기가 어렵더라도 어느 누구 앞에서도 당당했던 그녀의 긍지는 어디서 나온 것일까 궁금하다.

오늘 새삼스럽게 그녀의 모습이 떠오르는 것은, 우리나라의 몇몇 사람들이 그들의 권력유지와 치부를 위한 국정 논단으로, 온 나라를 경악하게 한 때문이다.

자식들에게 힘 안들이고, 권력과 부를 탐하도록 가르치기 전에, 정직하며 부지런하고, 검약하게 살아가는 삶의 귀중함을 가르치는 것이 세상을 올바르게 살아내게 하는 답일 것이다.

오늘 유난히 생각나는 인도인 친구다.

천리향이 지닌 뜻

천리향 꽃향기가 가슴으로 스민다. 사람의 손으로 만든 어떤 향수를 자연의 향에 비길 수 있을까. 밖은 영하의 날씨에 눈이 내리고 바람도 몹시 부는데, 천리향 꽃은 고운 분홍 빛깔을 수줍은 듯 보이며 천리나 간다는 짙은 향기를 내뿜고 있다.

지금 꽃을 피운 천리향은 부모님이 기르다 남기고 가신 나무로 20년이나 우리와 함께 살고 있다. 좁은 베란다에서 키워야 하기 때문에 화분에 심어놓아선지 일부러 분재를 만들어 놓은 모양이 되었다. 이웃들은 보기 좋게 분재로 가꾸었다고 부러워하지만 식구들의 마음은 안타까움이 더 크다. 고향 진주의 뜰에 두었다면 20년의 세월 동안 커다란 나무로 자랐을 텐데.

오랜 세월 천리향 나무를 키우면서 시행착오도 있었다. 잘 키우려고 지나치게 물을 많이 주어 뿌리를 썩게 해서 다시 회생하기까지 여러 해가 걸린 때도 있었고, 어느 때는 물을 더디 주어 까칠하게 마르게 한 적도 있었다. 시간이 지나면서 요령을 터득하여 지금은 보기만 해도 천리향 나무가 무엇을 원하는지 감지할 수 있게 되었다.

지난여름, 나무를 실하게 키워 겨울을 잘나게 하려고 시골집 앞 빈 터에 잠시 옮겨 심었다. 개가 쥐를 잡는다고 쫓아다니다 나무를 깔고 앉아 보기 좋게 잘 자란 두 가지 사이를 반으로 쪼개 놓았다. 나무에서 진이 나와 가지가 다시 붙기를 바라며 쪼개진 가지를 단단히 묶어 놓았지만 갈라진 채 겨울을 맞았다. 부모님께서 남겨주신 나무를 죽일까봐 걱정을 했는데, 겨울을 잘 나면서 꽃을 활짝 피워 고맙기만 하다.

천리향꽃은 분홍빛으로 갓난아기 새끼 손톱만한 꽃잎 네 개가 모여 십자형 꽃 모양을 이루고, 이 꽃 7, 8개가 모여 한 무더기가 되고, 이런 무더기가 여러 개 모여 한 덩어리를 이룬다. 한 겨울에 꽃을 피워 꽃의 향기가 유난히 진하게 느껴지는 것일까. 천리향이라는 이름만큼 꽃의 향기가 진하디 진하다. 꽃향이 절정을 이룬 날, 친구를 불러 차를 마시며 세상사는 얘기라도 나누고 싶다.

부모님은 오래전에 세상을 떠나셨지만, 천리향은 부모님 향기를 불러온다. 꽃을 좋아하는 어머님이 구해다 심으셨다는데, 흐뭇하게 바라보시며 가꾸셨을 모습이 눈에 어린다. 부모님 생각이 세월이 흐를수록 더 깊어지는 것은 천리향이 자라면서 더 짙은 향기를 뿜기 때문일까.

아버님은 언제나 말씀이 없으시고, 새벽 4시부터 일어나 일을 하는 부지런한 분이셨다. 늘 일 속에서 사시는 모습을 존경하는 마음으로 바라보았다.

어머님은 학교는 다니지 않으셨지만 지혜롭고 현명한 분이셨다. 동네 사람들은 한걸음 떼어 놓을 때마다 돈이 서푼씩 쏟아진다며 어머님의 인품과 능력을 칭송했다. 동네 사람들의 어려운 일에 의논 상대가 되어 주시고, 그 일을 해결하는데 많은 도움을 주신 탁월한 분이셨다. 나는 어머님이 공부를 많이 하셨다면 능력 있는 여성 지도자가 되었을 것이라는 생각을 늘 했다.

음식 솜씨도 좋아서 동네에 큰 잔치가 있으면 모셔갔고, 잔칫상을 장식하는 백미인 마른 문어 오리는 재주가 뛰어나셨는데, 며느리와 딸들이 배우려고 해도 손재주가 좋으면 살아가면서 고생된다고 굳이 못 배우게 하시고 가르쳐주지 않으신 채 세상을 떠나셨다. 떼를 써서라도 배우지 못한 아쉬움이 지금도 마음속에 남아 있다.

내가 알고 있는 부모님에 대한 것은 털끝 하나 만큼도 안 될 것이며, 그분들이 지니고 있던 인품이나 자식들을 위한 깊은 마음과 희생을 어떻게 헤아릴 것인가. 황혼 길에 들어선 지금, 부모님 생각을 더하게 되는 것은 살아온 날들을 뒤돌아볼 수 있는 마음의 여유가 생겨서일까.

돌아가신 부모님 생각을 많이 떠오르게 하는 천리향나무, 우리 가족이 지금까지 별 탈 없이 살고 있는 것은 천리향 꽃향기처럼 깊고 진한 부모님의 사랑 덕이다.

오색고명

우리나라 음식의 꽃은 고명이다.

은은하면서도 화려하게 장식된 고명은 보는 눈을 즐겁게 한다. 오색고명은 녹, 황, 적, 백, 흑의 다섯 가지 오방색의 배합으로 이루어지는데, 음식과 어울려 멋진 느낌과 좋은 맛을 낸다.

세계 각국의 음식이 저마다 특색이 있지만, 고명을 만들어 음식을 장식하는 솜씨는 우리나라가 으뜸이다. 흰 앞치마를 곱게 두르고 정갈한 도마 앞에 앉아 잘 드는 칼로 정성을 다하여 만든 고명은 음식을 만지는 숙련된 손길을 거치면 예술작품이 된다.

고명을 만드는 재료로는 은행과 밤, 잣과 호도, 실고추와 석이, 표고, 달걀, 쇠고기, 풋고추, 오이와 당근, 쑥갓과 김, 거피한 참깨와 흑임자, 미나리 초대를 쓰기도 한다. 크기는 일정해야하고, 들어가는 양념은 넘치고 모자람이 없이 정확해야 하고, 더도 덜도 익히면 안 되고, 자연 그대로의 빛깔을 살리면서 깨끗하고 선명해야 한다.

고명으로 꾸며진 음식은 저마다 뜻이 다르다. 음식을 만드는 용도와 때와 장소에 따라 고명의 재료와 모양을 다르게 하여 음식을 대접하는 이의 뜻을 전한다. 귀한 손님상에 올려지는 신선로의 고명은, 대접하는 사람의 은근한 반가움을 담는다. 틀 속의 재료가 어떤 것인지 짐작도 못하게 오색고명으로 음식을 모두 덮는다. 고명을 들추면 그 속에는 산해진미가 다 들어 있어 손님은 주인의 환영의 뜻을 헤아린다. 떡국이나 국수에 올려지는 고명의 은은함은 먹는 사람에게 즐거움을 준다.

폐백이나 이바지 음식, 떡을 장식하는 오색고명은 기쁨과 축복을 표현한다. 육포나 산적을 폐백음식으로 쓸 때는 잣으로 꽃모양을 만들어 장식을 하거나 잣소금을 눈처럼 하얗게 뿌린다. 그 흰 빛깔은 고기를 묶은 청홍실과 폐백에 따라가는 밤과 대추, 폐백을 싼 청홍보자기의 색과 대비되어 선명한 조화를 이룬다. 폐백음식을 장식하는 백미는 오색 배합을 잘 시켜 고명으로 꾸민 찐 닭이다.

폐백음식의 호화스러움은 결혼식의 흥겨움을 더해주고 신랑신부의 앞날을 축복하는 마음이 절로 우러나게 한다. 하늘하늘하게 굳은 족편 위의 오색고명도 아름답고, 제상에 쓰는 붉은색을 뺀 소박한 색깔의 고명도 정성이 담기기는 미찬가지다.

한상 가득히 차리는 상차림에는 음식 중 오색고명으로 치장한 음식을 두세 가지만 올려야 한다. 구절판이나 우설쌈, 백설채, 초교탕 같은 별다른 꾸밈이 없이도 은은한 색의 멋을 풍긴다. 새우선과 가지선, 오이선과 호박선은 황백지단이나 표고채, 쇠고기채만 써도 음식의 색과 어울려 돋보인다.

어릴 적, 잔칫날이나 명절, 손님 대접할 때, 음식 장만에 앞서 고명부터 준비하시던 어머니는 "고명 준비가 끝나면 음식은 반은 만든 것이다."라고 하셨다. 생활이 바빠지면서 명절이나 제사 때 약간의 고명을 준비할 뿐, 귀한 손님 대접이나 결혼식과 집안의 큰 행사, 백일, 돌잔치까지 음식점에서 치르고 있어 고명을 준비하는 모습은 보기 어렵게 되었다. 일상적인 음식에 고명을 갖추어 치장하기는 어려운 일이다. 고명을 쓰는 우리의 독특한 음식문화도 차츰 빛을 잃어가고 있는 것은 아닐는지.

고명으로 장식한 음식이 아름다워서인지 우리 아이들은 "음식을 만드는 일이 어느 예술작품 못지않게 정성이 들며, 다 만든 음식은 아름다운 예술작품이다."라고 하면서 음식 만들 때 옆에서 거들어주기를 좋아한다. 혼이 들어간 예술작품을 만들 듯, 음식 만들기에 기울이는 정성이 가족들의 건강을 지키고, 세상살이에 대한 성실한 자세를 가르쳐 주는 것은 아닐까. 오색고명에 담긴 정성을 보며 자란 아이들은 아름답고 순수하게 사물을 보는 안목도 길러질 것이다.

나의 삶 위에 꾸며지는 고명은 어떤 색깔일까. 선명하고 아름다운 빛깔로 표현되길 원하지만, 이만큼 걸어온 긴 여정 속에는 나와 남을 기쁘게 해줄 수 있었던 밝고 깨끗한 빛도 있을 것이며 얼룩과 추한 빛도 있었을 것이다. 특별히 화려하지 않은 평범한 삶이지만, 한 접시 음식이 고명으로 화려함을 드러내는 것처럼 순간순간마다 겸허한 자세로 성실히 산다면, 고명보다 더 고운 생을 꾸며 나갈 수 있으리라.

마지막 호사

살아오면서 호사를 한다고 여겨지는 일을 만나기는 쉽지 않다. 헤쳐 나가기 힘든 어려움 속에서 가끔 만나는 작은 기쁨을 귀한 호사라고 여기며 살았다.

정년퇴직을 앞두고 시작한 남편의 집짓기를 지켜보고 있다. 그는 나에게 '마지막 호사'라고 말하며 땀방울을 아끼지 않고 집짓기에 정성을 쏟는다.

무엇을 호사라는 걸까.

40년 가까운 세월 동안, 남편이 갖다 주는 봉급으로 한 달을 채워가는 살림은 늘 숨이 가빴다. 신혼 때 월세로 시작하여, 전세로, 내 집 마련에 이르기까지 이사도 여러 차례 다녔고, 그 사이 아이들은 성장하였다. 이제 다 큰 아이들은 제각기 독립하였고, 남편도 퇴직을 앞두었으며, 이순이 넘어 나는 글을 쓰고 있다.

남편은 오래전부터 퇴직 후에 몸담아 살 집을 물색하던 중, 젊어서부터 지역사회 개발을 위해 관계를 가졌던 여주군 산북면에 터전을 마련했다. 나이가 들면 여러 사람과 얽혀 사는 것보다 혼자서 할 수 있는 일을 하며 지내는 것이 편할 것 같아 적은 농사라도 짓고 살자는 게 남편의 생각이다. 농촌에서 유년 시절을 보낸 탓일까. 농촌의 흙냄새는 잠재한 귀소 본능을 일깨운다.

산북면의 집터는 눈앞에 논밭이 바다처럼 펼쳐지고, 집 앞에는 개울이 흐른다. 집 뒷산에 숲이 있어 좋은 방풍림 역할을 할 것이다. 집 가까이에 농사짓기에 힘겹지 않을 만큼 텃밭을 마련했다.

남편은 집 터 선택에도 신중을 기했지만, 집 구조에도 신경을 쓴다. 농사지으면서 거두어들일 농작물을 말리기 위해 슬라브로 옥상을 만든다. 천장은 서까래를 이어 시골집 같은 느낌이 들게 하고, 거실에는 벽난로를 만들어 멋을 부려 본다. 방에는 철마다 변하는 산과 들을 바라볼 수 있게 넓은 창을 낸다.

남편은 젊어서 외국으로 많이 돌아다니고 바쁘게 살아서 이사하고 집을 수리하고 가꾸는 일은 늘 내 몫이었다.

페인트와 니스를 칠하느라 내 손은 거칠어졌고, 인부들 뒷바라지 하면서 집수리하는 일이 힘에 겨워 몸무게가 몇 킬로씩 줄었다. 집짓기에 힘을 기울이고 있는 남편도 살이 많이 빠졌다.

살아온 일들이 잠시 꿈을 꾸고 지나온 것 같다. 60여 년의 세월, 남편은 지금까지 살아왔던 길을 다시 걸으라면 힘이 들 것 같다고 한다. 젊어서 아무렇지도 않게 느껴지던 일들이 부담스럽게 여겨지는 것은, 나이 들어 기력이 쇠해진 때문일까.

집을 짓는 공사장에 어둠이 깔릴 때, 인부들을 보내놓고 널려있는 건축물의 잔재를 정리하면서 하루 일을 마무리하는 시공 책임자 부부의 모습이 보기가 좋다. 집짓는 일을 맡아하는 남편을 따라와서 인부들 밥도 해주고, 공사장의 잔일도 거드는 부인의 모습에서 성실함을 읽는다. 요즘 세상에 보기 드문 정직하고 건실한 부부를 만나 집 짓는 일을 부탁하게 된 것은 행운이다. 일생 동안 수많은 사람들과 관계를 맺지만, 마음 놓고 신뢰할 수 있는 사람을 만나는 일만큼 큰 복은 없다.

집이 완성되는 과정은 우리의 삶이 엮어지는 여정과 같다. 책임자를 잘 만나고, 수십 가지 공정을 분업으로 하는 기술자들의 성실함이 있어야 좋은 집이 지어진다. 못 하나 잘 박고, 벽돌 하나 잘 놓고, 기둥 하나에 정성을 더 들여 실한 집을 짓기 위해 있는 힘을 다하듯, 매 순간 순간마다 최선을 다해야 후회 없는 삶이 될 것이다. 온갖 삶이 이루어지고, 삶의 체취가 배어드는 집이기에 집짓기에 아무리 큰 정성을 들여도 지나침이 없다.

마지막 호사라면서 집짓기에 있는 힘을 다 기울이고 있는 남편의 모습을 보고 있으면, 퇴직 후에 할 일을 찾은 그가 정말 행복한 호사를 하고 있다는 생각이 든다. 그는 가족의 뒷바라지로 도시에서 묻은 때를 털어버리고, 남은 삶을 넉넉한 자연의 품 안에서 보내기 위해 시골에 집을 짓고 있는 것이 호사이고, 나는 남편의 배려로 글을 쓰는 것을 호사라고 한다면, 우리 부부 지금부터의 삶은 호사스러운 게 아닐까.

온실을 만들어 사철 청정 채소를 심어 서울에 사는 아이들에게 나누어 주고, 우리 집에 놀러오는 손님들에게는 마음대로 밭에 들어가 상추와 풋고추를 따고 배추를 뽑아, 돌을 달구어 고기도 구워먹는 재미를 주고 싶다. 작은 연못을 만들어 가재와 금붕어도 키우고, 저절로 모여드는 나비와 벌, 반딧불이도 보고, 개구리와 뱀도 구경하고 싶다. 정원에는 야생화를 가득히 심고, 뜰 틈에 고사리와 난초, 덩굴풀도 자라게 하리라.

먼 훗날, 아버지가 지은 집을 보며, 어머니가 쓴 글을 읽으며, 아이들이 부모의 살아온 길을 더듬어 주길 바라는 마음은 지나친 욕심일까

들녘의 벼 익는 모습이 우리 부부에게 보내는 박수갈채 같다. 황혼녘의 하늘을 바라보다 더 강렬한 삶의 의욕을 느낀다.

살아오면서 아이 낳고, 기르고, 혼사 치르고, 집을 지으면 큰일을 다 한다고 했으니, 이제 작은 일에도 감사하며 사는 일밖에 남지 않았다. 조촐하게 농심에 묻혀 살며, 가끔 부부가 나란히 서울 나들이를 하면서 새롭게 도시를 호흡하는 호사도 누리리라.

꽃닭

오랜 만에 들어보는 새벽닭 울음소리는 하루를 시작하는 마음을 상쾌하게 만든다. 어려서 듣던 새벽 닭소리를 가까이 하지 못한 채 오랜 세월이 흘렀다.

초가을에 이웃의 친지가 꽃닭 한 쌍을 길러 보라고 주었다. 짙은 갈색에 현란한 빛깔의 깃털을 가진 앙증스럽도록 작은 닭 한 쌍이 보는 이들을 즐겁게 한다. 아비, 어미에게서 어떤 유전자를 받았기에 이런 작고 예쁜 닭이 나왔을까. 닭이 작으니 집과 알 낳을 둥지도 조그맣게 지어 주고, 두 마리가 놀 수 있는 마당도 잔디밭가에 만들고, 멋지게 휘어진 횃대도 매어 주었다.

닭이 작으니 알도 작아 저절로 미소를 짓게 한다. 종족번식의 투철한 욕망이 얼마나 강한지 거의 매일 알을 낳는다. 겨울 추위에는 병아리를 기르기 힘들 것 같아 병아리 까는 것은 내년 봄으로 미루었다. 작아서 예쁜 알을 그릇에 담아 오가는 사람들에게 보여주면 모두들 만져보며 신기해한다. 파란 잔디밭에서 놀고 있는 닭이 잔디의 녹색과 어울려 얼마나 아름다운지 시간 가는 줄 모르고 내다보곤 한다.

닭장의 좁은 마당이 답답할 것 같아 문을 열어 놓고 마음대로 드나들 수 있도록 했다. 날이 밝으면 밖에 나가 놀다가 해가 지면 집으로 들어 올 줄 아는 닭이 기특하였다.

볼일이 있어 집을 비운 사이에 비가 많이 내려 닭장 안에 물이 질퍽거렸고, 닭이 어디로 갔는지 보이지가 않는다. 집 뒤에 있는 산 속으로 들어가 놀고 있다가 날이 어두우면 평상시처럼 들어오리라고 생각했지만 날이 저물어 어둠이 내리는데도 보이지 않는다. 아무리 찾아도 행방이 묘연하다.

그동안 정이 든 닭이 며칠을 기다려도 나타나지를 않아 애를 태웠다. 산에는 풀씨가 많으니 굶지는 않겠지만 워낙 몸피가 작아 야생동물에게 잡혀 먹히거나 더 깊은 산 속으로 쫓겨 들어가지 않았을는지 신경이 쓰였다. 동네사람들은 닭이 산으로 들어가면 산(山)닭이 되어 잡기가 힘들 것이라고 했다.

며칠 후, 닭장 안에서 닭이 먹이를 먹고 있는 것을 보았다. 헤어졌던 가족을 만난 것만큼이나 반가웠다. 다시 산으로 올라가면 잡기가 힘들 것 같아 놀 수 있는 마당을 넓혀주고 가두어 두었다. 날씨가 더 추워지면 집에 있는 것이 편할 텐데 닭은 틈만 나면 밖으로 나가려고 애를 쓴다. 자유를 갈구하는 격렬한 몸짓이 측은하기까지 하다. 한 마리만 나가면 집에 남은 짝 때문에 멀리 가지 않고 집 주위에서 맴돌므로 잡아넣기가 쉽다.

수탉은 늘 암탉을 감싸면서 작은 위험이라도 닥친다 싶으면 '구구' 하는 신호음을 내면서 깃털을 곤두세워 보호한다.

어느 날, 집을 비우게 되어 며칠 먹을 것을 넣어 주려고 문을 여는 순간 암탉이 날아 산으로 달아났다. 어디로 갔는지 찾을 수 없어 수탉마저 내놓았다. 집을 자주 비우는 형편이라 움직이는 생물은 기르지 않으려고 하지만 우연히 생기는 동물은 어쩔 수가 없이 키우게 된다.

없어진 닭이 몹시 걱정이 되었는데, 귀가해서 보니 두 마리의 예쁜 닭이 닭장 안에서 놀고 있다. 그 모습을 본 순간 남편과 나는 환호성을 질렀다. 반가움에 둘이 서로 마주보고 행복한 웃음을 터뜨렸다.

즐거움보다는 괴로움이 더 많은 삶. 정만 남겨두고 떠나간 줄 알았던 닭을 다시 보는 순간의 기쁨은 우리에게 살아가는 재미를 일깨워 준다.

닭의 지능으로도 제집으로 오면 먹이도 있고, 보금자리도 있으며, 햇빛이 하루 종일 있는 따뜻한 뜰이 있다는 것을 생각해낸 것 같다. 아무리 자유가 좋다한들 춥고 배고픈 것만 하랴.

이제는 하루 종일 닭장 문을 열어 놓고 마음대로 드나들도록 했는데도 나갈 생각을 하지 않고 나란히 붙어서 햇볕에서 놀고 있다.

살아가는 일이 이런 것일런가. 작은 꽃닭 두 마리로 인해 애를 태우기도 하고, 즐거움을 얻기도 한다.

동도 트기 전에 새벽의 안개를 뚫고 상쾌하게 들려오는 닭울음소리는 살아 있음에 더 값어치를 얹어준다.

꿀 따는 날

새벽, 어둠이 가시기 전에 동네에서 떨어진 외딴 곳에 있는 양봉장으로 꿀을 따려고 집을 나선다.

여러 사람이 먹을 묵직한 아침밥 보따리에는 뿌듯함이 가득 차 있다. 그동안 벌 돌보느라 힘들었던 일들은 어느새 멀리 사라지고, 벌통에 꿀이 얼마나 들어 있을지 헤아리는 마음은 발걸음을 가볍게 한다.

해마다 손으로 돌리는 수동채밀기를 썼는데, 금년에는 벌이 많이 늘어 전기를 이용하는 전동채밀기를 장만했다. 수동채밀기는 오랜 경험에 의해 감각으로 벌집에서 꿀이 다 빠진 것을 알지만, 전동채밀기는 꿀이 다 빠지면 자동으로 작동을 멈춘다. 스위치만 누르면 짧은 시간에 모든 것이 해결되니 문명의 이기는 심신을 편안하게 한다.

꿀을 따는 날은 손이 많이 필요하다.

벌의 상태를 점검하면서 채밀할 수 있도록 벌집(소비)을 꺼내주고, 채밀이 끝난 벌통을 정리하는 것이 제일 먼저 하는 일이다. 이 일은 벌을 다루는데 가장 능숙한 사람의 역할이다. 꿀이 든 벌집과 채밀한 벌집을 나르는 사람도 힘든 몫을 한다. 꿀을 저장하느라 막아 놓은 벌집(밀개한 꿀판)을 잘 드는 칼로 벗겨내고, 수벌 유충을 없애면서 벌집을 채밀기에 넣어 주는 손도 필요하다. 채밀기를 돌리고 벌집을 꺼내서 벌통에 다시 넣는 사람도 있어야 한다. 이런 작업이 삽시간에 이루어져야 꿀 냄새를 맡고 덤비는 벌들을 막아, 채밀하는 과정에서 벌이 꿀에 빠져 죽는 수를 줄인다. 그래서 채밀하는 날은 여러 명이 서로 조화를 이뤄 작업을 하므로 작은 잔치가 벌어진다. 꿀 따는 주역이 되어 고된 일을 해도 구경꾼이 많으면 신명이 절로 난다.

꿀을 따는 날은 구경하려고 모여 든 동네사람들에게도 꿀 인심이 넉넉하다. 욕심껏 받아먹은 꿀로 인해 정신을 잃는 사람도 있다. 꿀을 너무 많이 먹으면 속이 달아오르면서 정신이 아득해진다. 꿀 따는 일을 구경하는 사람은 벌에게 쏘여도 말을 못한다. 가까이 오지 못하게 하는 말을 듣지 않고 어겼기 때문이다.

벌은 독침 때문에 인가 근처에서 키우기가 힘들다. 벌침이 신경통이나 관절염 치료에 좋다고 일부러 맞는 사람도 있지만 벌침에 쏘이는 것은 괴로운 일이다. 벌 일을 하려면 벌에 쏘이지 않으려고 온몸을 감싼다. 천연섬유로 만든 옷에는 벌침이 거침없이 들어가므로 벌에 쏘이지 않으려면 화학섬유로 된 옷을 입어야 한다. 그러니 통풍이 전혀 되지 않는 옷으로 온몸을 감싸야하므로 땀으로 목욕을 해야 한다. 벌은 침과 목숨을 맞바꾸기 때문에 여간해서는 쏘지 않지만, 작은 피해라도 입을 조짐이 보이면 가차 없이 침을 쏘아 독을 뿜고 죽는다.

꿀을 가지고 있는 꽃과 나무들이 각양각색이듯이 봄부터 가을까지 각기 다른 여러 종류의 꿀을 채밀한다. 이른 봄 벚꽃을 위시해서 아까시, 찔레꽃이 있고, 봄에 날씨가 가물면 잎의 수분 증발을 막기 위해 식물은 단물을 분비하여 엽면(葉面)을 코팅한다. 벌이 이것을 가져와 만든 감로(甘露)꿀도 있다. 가을에 싸리꽃이나 야생화에서 따는 잡화꿀도 있다. 색깔도 모두 달라 맑고 투명한 아까시꿀과 짙은 갈색의 찔레꽃꿀, 검은색을 띠는 밤꽃꿀과 야생화꿀이 저마다 고유한 맛과 향을 지니고 있다. 채밀한 꿀이 내 눈에는 어느 보석보다 더 빛나고 곱다. 맑은 꿀을 들여다보고 있으면 꿀 속에 담겨진 여러 가지 의미와 함께 마음이 투명하고 잔잔해진다.

어릴 적, 어머니는 꿀 행상 할머니에게서 꿀을 샀다. 꿀은 감기가 들어 목이 아플 때나, 입이 헐었을 때 한 숟갈씩 얻어먹는 귀한 식품이었다. 꿀단지는 언제나 아이들 손이 닿지 않는 높은 찬장이나 선반에 놓여있어 여러 형제가 서로 꿀 한 숟갈 더 먹으려고 올려다보며 침을 삼켜야 했다. 그렇게 귀하게 여겨지던 꿀이라 꿀농사를 짓는 지금도 꿀은 소중하게 취급을 하게 된다. 꿀에는 아직도 밝혀지지 않은 효소가 많이 들어 있다고 한다. 사람들이 꿀에 대해 호기심을 갖는 것은 꿀이 지닌 이런 신비감 때문일까.

벌들은 꿀을 다 빼앗긴 그 순간부터 다시 일을 시작한다. 채밀하느라 부서진 집도 수리하고, 죽임을 당한 수벌 유충의 시체도 끌어낸다. 깔끔하게 집 청소를 하고, 다시 꿀을 걷어다 새끼를 키운다. 꿀을 빼앗기고 더 부지런히 움직이는 벌을 보면 안쓰러움을 떨쳐버리기 어렵다.

노력의 대가만큼 꿀이 나오든지 나오지 않든지 상관없이 맑은 꿀을 만나는 마음은 어느 작물의 수확과 다르지 않다. 열심히 노력하여 거둔 수확은 무엇과도 바꿀 수 없는 귀한 선물이다. 우리 부부가 정성을 다해 얻은 꿀을 가족과 친지들에게 나누어 줄 수 있는 일은 벌 키우는 큰 보람이다.

삶 속에서 느끼는 기쁨과 슬픔은 마음먹기에 따라 저마다 다르지만 땀 흘리며 얻은 기쁨이 그중에서 가장 값지다고 생각되는 꿀 따는 날이다.

2.

조릿대의 꿈

풀뿌리 귀신

비가 세차게 퍼붓고 있다.

잡풀들이 땅에 뿌리를 탄탄히 박고, 지표면과 빗물의 완충 역할을 하면서 흙이 떠내려가지 않도록 안간힘을 쓰고 있다. 억수같이 비가 쏟아질 때는 마음 조이며 주변의 흙이 빗물에 쓸려 내려가지 않도록 지탱해 주는 풀에라도 의지하고 싶다.

풀의 원초적인 목적은 초식동물을 기르고, 초식동물은 육식동물을, 육식동물은 또 다른 생명을 기르는 순환의 고리를 이어주고, 지구의 표면도 보호해 준다. 풀과 풀꽃은 자라는 장소에 따라 사람의 마음에 시가 떠오르게도 하고 몹시 괴롭히기도 한다.

비가 긋고 햇빛이 땅의 물기를 거두어 가면, 풀들은 폭

우 속에서 제 할 일을 다했다는 듯 마음껏 활개를 치며 자란다. 호미를 들고 밭에 들어서니 땅 속에 스며있던 물을 흡수하며 무섭게 자라고 퍼지는 풀이 원망스럽다. 비가 쏟아질 때 가졌던 풀에 대한 고마움이 사라지고, 힘들게 풀뿌리와 싸우며 땀으로 몸을 적신다.

한 번 자리잡은 곳에서 뿌리를 내리고 살다가 다른 곳으로 옮긴다는 것은 모든 것이 송두리째 흔들릴 만큼 어려운 일이다. 살기 좋은 환경 속에 자리를 잡았거나, 생명을 부지하기 어려울 정도로 열악한 환경 속에 있거나 떨쳐 버리지 못하고 감수하며 살고 있는 것은 모든 생명체가 같다.

극한 상황에 위치한 남북극, 산소가 희귀한 고산지대, 메마른 사막, 세상과 단절된 밀림, 외딴 섬의 생명체들이 좀 더 살기 편한 곳이 있을 텐데 떠나지 못하고 살고 있는 것은 익숙해진 곳에서 생소한 곳으로 자리를 옮기는 일이 두렵기 때문이다. 농사일은 힘든 노동에 뼈를 깎는 고통이 따른다. 노력한 만큼의 대가가 돌아오지 않아도 농민들이 땅을 떠나지 못하고 있는 것은 새로운 터전에 대한 두려움과 새로운 환경에의 적응이 어렵게 생각되어서이다.

노후를 시골의 맑은 공기 속에서 살겠다고 평생을 살아온 도시를 떠날 어려운 결단을 내렸다. 시골로 내려와서 살 준비를 하고 있을 때, 평생 농촌에서 살고 있는 이웃 친지는 나이 들면 고된 노동에서 벗어나 편안히 살고 싶어 도회지로 가기를 원하는데 무엇 때문에 힘든 일이 많은 농촌으로 오느냐고 연민의 눈길을 보냈다.

'풀뿌리 귀신에 발목이 잡히면 다시는 헤어나기 힘들다'고 해서 재미있는 표현에 웃었지만, 봄부터 가을까지 예상보다 끈질기게 머리를 들고 나오는 풀 때문에 매일 아침저녁으로 풀뿌리 귀신에 시달리며 산다.

퍼붓듯 쏟아지는 장대비에 심어 놓은 야채와 화초가 녹아 없어져도 풀은 그대로 뿌리를 단단히 박고 무성하게 잘도 자란다. 풀뿌리 귀신은 온갖 역경에도 악착같이 달라붙어 생명을 유지한다. 뙤약볕에 쏟아지는 땀을 주체하기 힘들 만큼 온 힘을 들여 뽑아도 계속 자라는 풀의 생명은 끈질기다.

풀이 자라지 못하도록 땅에 비닐을 덮어주면 수분이 잘 보존되고, 작물을 키우기가 훨씬 수월할 텐데, 흙이 숨을 못 쉬는 답답함이 사람의 숨이 막히는 것처럼 힘들게 느껴져 비닐을 덮지 않았더니 온갖 잡초가 고개를 내밀고

약을 올린다. 애써 뿌려 놓은 콩과 참깨, 열무씨를 까치에게 모두 쪼아 먹힌 빈 밭에는 풀이 더 기승을 부린다. 틈만 있으면 비집고 나와 주인인 양 자리를 잡는 잡초와의 싸움은 끝이 안 보인다.

긴 소매에 긴 바지, 챙 넓은 모자로 중무장을 하고 밭으로 나서지만 풀이 스쳐간 자리가 가렵고 귀찮다. 시골이 좋다고 찾아 내려 온 것이 당혹스럽기도 한데 곧 잊고 다시 풀과 씨름하러 밭으로 들어간다. 풀뿌리 귀신이 끈질기게 잡고 늘어지기 때문이다.

풀이 다 뽑힌 이랑을 바라보는 흐뭇함은 풀 속에서 고생하던 작물의 해방감만큼이나 크다. 풀이 말끔해진 밭이랑은 넘실거리는 초록빛 바다처럼 시원하다. 풀과 씨름을 한 후의 내면에는 순수의 힘이 넘친다.

세상에는 풀뿌리 귀신보다 더 무섭고 귀찮은 귀신이 많다.

마약귀신과 도박귀신, 정치귀신, 술귀신, TV귀신, 춤귀신, 손목과 발목을 잡고, 정신까지 꼭 잡고 꼼짝을 못하게 하는 귀신이 얼마나 많은가. 많은 시간을 땡괴 보낼 수 있게 해 주고, 나만 귀찮게 하지 남에게 해를 끼치지 않는 풀뿌리귀신이야말로 그 많은 귀신 중에서 괜찮은 귀신이 아닐까.

수많은 생각이나 언어의 밭에는 제대로 성숙해야 될 사유(思惟)보다 무수한 잡초의 언어들이 더 크게 자라려고 아우성을 친다. 이로움보다 해로운 독을 뿜어 낼 수도 있는 언어의 귀신들이다. 오랫동안 마음속에서 자라고 있는 잡초를 다 뽑아내어 맑게 순화시킨다는 것은 풀뿌리 귀신을 송두리째 없애는 것보다 더 어렵다. 지금까지 온갖 일과 얽히고설키며 살아온 날들 속에 뽑아내고 싶었던 잡초를 차츰 다듬어 내려고 애쓰며, 힘들지만 편안한 마음으로 풀을 뽑으면서 살고 있다. 풀뿌리 귀신이 아무리 귀찮게 발목을 잡고 늘어져도 내가 좋아서 택한 일이기에 풀과 함께 하는 작업을 떨쳐버리고 싶지 않다.

이 아침도 풀뿌리 귀신과 싸우려고 작업복을 입고 모자와 장갑을 챙겨 비 개인 후의 싱그러운 자연의 냄새를 맡으며 밭으로 나간다.

지붕 없는 집

창문에서 내려다보면 집안이 자세히 들여다보이는 나뭇가지 사이에 새가 집을 짓고 있다. 부리로 짓는 집이지만 섬세하기 이를 데 없다. 잔가지를 물어다 차곡차곡 쌓아가며 짓는 모양을 한참씩 일손을 놓고 바라본다.

새둥지는 수도 없이 보아 왔는데, 바로 눈앞에서 집안을 훤히 들여다 볼 수 있는 집이 지어지는 것은 처음이다. 작고 엉성하긴 하지만 차츰 완성되어 가고 있는 과정이 신기하고, 둥근 새집이 앙증스럽고 예쁘다.

시인 정호승은 '새들은 지붕을 짓지 않는다/ 잠이 든 채로 그대로 눈을 맞기 위하여/ 잠이 들었다가도 별들을 바라보기 위하여/ 외롭게 떨어지는 별똥별을 보기 위하여/ 그 별똥별을 들여다보고 싶어하는 어린 나뭇가지들을 위하여/ 새들은 지붕을 짓지 않는다'고 노래했다.

지붕 없는 집을 짓던 새가 어느 날 집 짓는 일을 중단하고 거의 다 지은 집을 버리고 어디론지 가버렸다. 집이 완성되면 알을 낳고 새끼가 자라는 과정을 눈으로 직접 보리라는 기대가 무산됐다. 바로 집 위에서 내려다보는 사람들의 눈길이 두려웠나 보다.

작년에 환기통 속에, 알을 낳고 새끼를 키운 새가 안쓰러워 금년에는 집 짓는 수고를 덜어 주려는 배려에서 현관 근처와 뒤 창문 옆에 새집을 달아 주었다. 새가 얼마나 민감한지 현관 쪽의 새장에는 얼씬도 하지 않고 뒷문 쪽에 달아놓은 새장에 새끼를 쳤다.

어미새가 부지런히 왔다 갔다 하기에 새끼가 나오려나 하고 기다리며 매일 귀를 기울였는데도 새장 속은 조용하기만 하다. 어느 날 새똥이 밑으로 조금씩 떨어져 있는 것을 보고서야 새끼가 있다는 것을 짐작했다. 새끼가 있으면 어미가 먹이를 날라 올 때 짹짹거릴텐데 아무런 소리 없이 조용해서 어미가 보이지 않을 때 새집 안을 들여다보았다. 여러 마리의 새끼가 어미가 먹이를 가져다주는 것을 기다리고 있다. 새끼가 없는 것처럼 조용한 것이 이상해서 며칠간 신경을 써서 귀를 기울여 보아도 소리가 없다. 지난번 집을 짓다 사람들의 시선을 겁낸 어미새가 가버린 것처럼 새끼들도 사람이 살고 있는 집 가까이 집을 지은 것이 불안해서 소리 없이 침묵 속에 살고 있는 것인가 생각하니 불쌍하다.

이상기온으로 갑자기 더위진 날씨에도 어미새가 새끼를 기르면서 불안해할 것 같아 창문도 열어 놓지 못하고 살았는데 그래도 인기척이 새들을 침묵하게 만들었나 보다. 본능적으로 위기에 대처하는 새의 능력에 놀랄 뿐이다.

청소하느라 어쩌다 창문을 열어 놓으면 어미새는 근처 나뭇가지 사이를 뛰어 다니며 울어대느라 정신이 없다. 새끼들에게 경고를 보내는 것이리라. 먹이 달라고 보채는 소리 한마디도 못 내고 새끼는 다 자라 둥지를 떠났다. 나무로 된 헌 스피커로 새집을 만들어 주었기에 속이 깊어서 새끼들이 어떻게 집을 빠져 나올지 걱정을 했다. 새끼들이 둥지를 떠난 뒤에 보니 새끼가 쉽게 나올 수 있도록 바닥에 폭신하게 덤불을 높이 깔아 놓은 것을 발견했다. 새끼를 잘 보살피는 어미의 지혜가 놀라웠나.

새집을 달아준 위치가 사람의 손이 타기 쉬운 장소라 그런지 어미새는 새끼에게 밖에 나와 적응하는 훈련도 하지 않은 채 어디론지 끌고 갔다. 집 뒤에 큰 나무도 많은

데 새에게 편히 살 수 있는 집을 짓도록 해 주겠다는 짧은 생각만으로 창문 근처에 집을 달아 준 것이 못내 잘못되었다는 생각이 든다. 집 근처에 새둥지를 달아 놓고 새들이 자라는 모습도 보고 예쁜 노랫소리도 듣고, 덤불에서 뛰어 노는 모습을 보겠다는 인간의 욕심이 작은 새의 생각에도 미치지 못한다는 것을 깨닫는다.

침묵 속에 키운 새끼들을 데리고 날아가 버린 뒤 새장을 거두어서 안심하고 알을 낳고 새끼를 키울 수 있는 장소로 옮겨 주었다. 이 일로 해서 자연은 가장 자연스럽게 두어야 편안히 형성되어 간다는 생각을 다시 하게 되었다.

금년에도 집 주변에 달아 놓은 새집이 마땅치 않았던지 환기통 속에 새끼를 친 새가 있다. 바스락거리고 집 짓는 소리가 들리더니 지금은 새끼들이 나와서 어미가 먹이를 물어다 줄 때마다 짹짹대고 소리를 질러 새집에서 무슨 일이 일어나고 있는지 짐작해 보는 재미가 쏠쏠하다. 새끼들의 모이 달라는 소리가 두 식구만 사는 조용한 집안의 정적을 깨트린다. 아기들 울음소리가 사라진 곳에 새소리라도 들리니 사는 맛이 난다.

세상에는 소중하지 않은 것이 없다.

까치의 모정

사위(四圍)가 적막에 싸여 있다. 풀벌레소리만 가느다랗게 들려온다. 근 보름간 시끄러운 까치소리에 시달린 터라 이런 조용함이 신비감까지 감돌게 한다.

2주일 전, 외출했다 돌아와 보니 잔디밭에 까치털이 널려 있고, 까치가 한 마리 죽어 있다. 다 자랐지만 잘 날지 못하는 새끼까치가 현관 앞에 놓아둔 고양이 사료를 먹으러 왔다가 잡혔나보다 생각을 했다.

처참하게 죽임을 당해 널브러져 있는 새끼가 측은해서 묻어 주려고 집에 들어와 옷을 갈아입고 있는 동안 아비, 어미까치가 죽은 새끼 주변을 구슬피 울면서 맴돌았다. 창문을 열면 나무 꼭대기로 날아 올라가 울고, 닫으면 다시 죽은 자리에 와서 울고, 사람의 마음을 괴롭게 한다.

인간이든 미물이든 자식에 대한 끔찍한 애정은 똑같다. 자식을 버리는 사람들이 늘고 있는 세태를 생각하니 까치의 애통해하는 모습이 남달라 보인다.

새끼를 치워서 눈에 보이지 않는데도 깜깜할 때까지 울다가 둥지로 돌아간다. 밤새 새끼 생각으로 슬퍼할 까치를 생각하며 잠을 설친다. 이튿날 어둠이 가시기 시작한 새벽 5시 반, 어미인 듯한 까치가 새끼가 죽어 있던 자리에 앉아 슬피 우짖고 있다. 창문을 열고 내다보려 하니 창문 여는 소리에 날아가 버린다.

고양이가 새끼를 죽이는 장면을 보았는지 새끼의 주검을 처리했는데도 계속 고양이를 따라 다니며 지저귄다. 아비, 어미 두 마리가 쫓아다니며 목을 쪼아대서 고양이 목에 상처가 나서 피가 맺혔다. 덩치 큰 고양이는 까치소리만 나면 숨어서 나오지를 못한다.

고양이가 눈에 띄지 않으면 나뭇가지에 앉아 어찌나 슬피 울어대는지 측은하기도 하고 시끄러워 손에 일이 잡히지 않는다. 고양이가 평소 쥐를 잡아 던지고 놀다가 죽이는 모습을 보아 왔으니 새끼가 죽기까지 얼마나 처절한 장면이 벌어졌을지 눈에 선하다. 집에 사람이 있었으면 그런 일이 일어나지 않았을 텐데….

집 옆 숲 속 커다란 나무에 까치집이 있다. 새끼가 다 자라 훈련시키려고 잔디밭에 데리고 나왔다가 잘 날지 못하는 새끼가 변을 당한 모양이다. 알을 몇 개 낳았는지 새끼는 한 마리뿐이다. 새끼를 기르기 위해 얼마나 애를 썼을까. 깊은 사랑과 인내, 희생으로 보살폈을 텐데 더구나 외동 새끼를 죽였으니 그 상심을 알만하다.

닷새 째날, 고양이가 눈에 띄지 않으면 나뭇가지 위에 앉아 슬피 울다가 고양이가 눈에 보이면 고양이를 향해 죽어라 하고 짖어댄다. 고양이 나오는 것을 지키고 있느라 언제 먹이를 먹는지 궁금하다. 여드레째 되는 날, 창문 앞에 누워있는 고양이를 향해 울부짖는 까치의 울음소리, 새끼를 잃은 어미의 통곡이 저다지도 끈질긴지, 사람 못지않게 무서운 모성애가 놀랍기만 하다.

새끼가 죽은 지 열흘이 넘었는데도 하루 종일 새끼가 죽은 자리에서 맴돌다가 어두워져서야 보금자리로 돌아간다. 까치의 지저귐이 그렇게 시끄러운 줄 몰랐다.

평생 침팬지와 함께한 제인 구달은 '인간이 품성을 지닌 유일한 동물이 아니고, 합리적 사고와 문제 해결을 할 줄 아는 유일한 동물이 아니며, 기쁨과 슬픔, 절망을 경험할 수 있는 유일한 동물도, 육체적으로 심리적으로 고통을 아는 유일한 동물도 아니다'라고 했다. 새끼를 잃은 까치의 절규를 보며 동물도 감정을 표현할 줄 아는 몸짓이나 소리가 있다는 것을 확실히 알았다. 아무리 하찮다고 여기는 생명이라도 모두 소중하며 함부로 다루어서는 안 된다는 교훈이기도 하다.

보름이 지나니 조용해졌다. 새끼를 잃은 슬픔에서 벗어난 것인지, 돌이킬 수 없는 현실에 대해 체념을 한 것인지 모르겠다. 까치가 짖으면 반가운 손님이 온다고 해서 어렸을 때 아침에 일어나면 목을 빼고 까치를 기다렸다. 자기들의 영역임을 알리기 위해 낯선 사람이나 다른 종의 생명체가 들어오지 못하게 무섭게 짖어대는 것이라는데…. 서울의 양재천 변은 까치가 점령을 하고 다른 새는 얼씬도 못하게 해서 까치가 많이 서식하고 있다고 한다. 다른 새가 들어오면 내쫓고 알을 다 깨 버린다니, 까치는 강하고 잔인한 새라는 생각이 들기도 한다.

이웃에게 까치 이야기를 하니 까치의 나쁜 점에 대해서 한마디씩 한다. 우리도 해마다 옥수수를 심고, 익을 때가 되면 모두 까치가 먹어치워 구경도 못한 것이 몇 년째다. 과일나무에서 잘 익은 과일만 조금씩 쪼아 먹어 못쓰게 만드는 까치 때문에 속을 태우는 농민을 생각하며 같이 애를 태우기도 한다.

처음에는 새끼를 잃은 그들의 심경이 느껴져 안타까웠는데 너무 끈질기게 고양이에게 덤비고 울어대니 섬찟하기까지 하였다.

지신이 경험하지 못했던 감정을 공감하거나 이해하는 것은 어려운 일이다. 하지만 나 또한 자식을 키운 어미여서 그런지 까치가 새끼를 잃고 애통해 하던 모습을 오랫동안 잊지 못할 것 같다.

사마귀의 죽음 앞에서

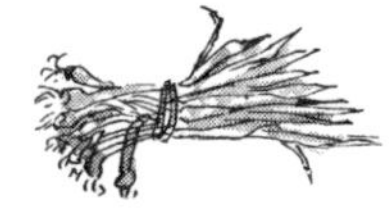

치열하게 글을 쓰며 살다가 생을 마감할 수 있다면 행복하다는 생각이 늘 가슴 속에 가득 차 있다.

청명한 가을 햇빛에 말리던 무청을 뒤적이다 보니 10센티미터 정도 되는 커다란 사마귀가 알을 낳느라 대나무 아래에 거꾸로 매달려 있다. 알을 낳고 나면 곧 죽는 것과는 상관없이 안간힘을 다하여 알집을 만들고 있다.

사마귀를 떼어버리려다 알 낳는 생명을 건드리는 것이 마음에 걸려 그대로 두었다. 며칠 뒤 청소를 하면서 보니 사마귀는 죽어서 땅에 뒹굴고 있다.

새끼에 대한 집착이 가져온 죽음이 아름답게 느껴져 한참을 들여다보다가 조심스럽게 치워 주었다. 글 쓰는 일에 기울인 힘이 사마귀의 죽음처럼 나의 혼신을 다 받쳤을까 하는 생각이 스쳤다.

평생, 남편과 아이들 뒷바라지로 세월이 어떻게 지났는지도 모르게 흘러갔다. 어느 날, 문득 뒤돌아보니 기우는 석양 밑에 서 있다.

사춘기 때 가졌던 문학에의 열망이 이순이 가까워진 나이에 재발을 하였을까. 살아 갈 날이 아주 짧게 남았다는 생각이 들었을 때, 가슴 속에 깊숙이 가라앉아 있던 문학의 꿈이 활화산처럼 타올라 글을 쓰지 않고는 견딜 수 없는 도화선이 되었다.

수필을 쓰기 시작하면서 남은 삶의 지표를 찾은 것은 커다란 행운이다. 글을 쓰지 않았다면 사는 일이 허망할 것이라는 생각이 들고, 글을 쓰는 일에 정신을 쏟을 수 있는 것이 가슴 뿌듯하다.

모든 일에 최선을 다한다면 작은 성취는 이룰 수 있지만 글 쓰는 일만은 마음먹은 대로 되지 않는다. 글을 쓰면서 불후의 명작을 쓰고 싶지 않은 사람이 있을까만, 잡힐 듯하면서 안개처럼 맴도는 좋은 글의 정체는 실체가 어디쯤 있는 것인지 가늠이 되지 않는다.

어느 자리에서 만난 국문학 교수는 이 나이에 등단을 하고, 글을 쓰는 일을 높이 평가하면서, 살림을 하는 주부들이 책에 관심을 갖는다면 여성의 위상이 높아질 것이라는 얘기를 했다. 그녀들에게 자극을 주는 차원에서라도 열심히 글을 쓰라는 말씀을 했다. 글을 쓰려고 앉을 때마다 그때의 정황이 떠오르며 나의 글에 대한 열정을 더 타오르게 한다.

좀 더 나은 글을 쓰려고 독서에 몰두하고, 여행도 하며, 연극과 영화, 전시회를 보고, 여러 강좌도 들으려 노력하지만 좋은 글이 쓰여진다는 일은 힘든 일이다.

집 앞, 커다란 느티나무 밑에 작은 연못을 팠다. 연꽃을 키워 보려는 첫 시도로 홍, 백의 수련을 몇 뿌리 심었다. 수련은 잘 자라 줄기에는 붕어를 거느리고, 잎에는 이슬방울과 청개구리를 품어 안고 여름내 붉고 흰 꽃을 번갈아 피웠다.

고운 빛깔의 연꽃은 바라보는 사람의 마음을 청정하게 만들어 준다. 아름다운 꽃을 피워내기 위해, 변하는 계절 따라 수련이 내면에 담았을 노력이 한눈에 보인다.

누구든 자기 일에 혼신을 다하여 몰두하는 모습은 아름답다. 뜨거운 불 앞에서 쇠를 다루며 땀 흘리는 대장장이, 좋은 성적을 내려고 하루 종일 땀에 젖어 연습에 연습을 거듭하는 운동선수들, 도자기 굽는 사람들, 새벽부터 저녁 늦게까지 들에서 사는 농부들, 도처에서 무섭게 노력하며 사는 사람들을 보면 나의 글 쓰는 태도에 대해 깊이 생각하게 된다.

내 안에 잉태되었던 글이 한 편의 수필이 되어 세상에 나오기까지의 어려움은 헤아릴 수 없지만, 글이 완성되는 일은 고통보다 더 큰 희열이 동반된다. 오묘한 철학이 들어 있지 않고, 큰 사명이 있어 쓰는 글이 아니더라도, 가슴 속에 있는 많은 이야기는 늘 용광로처럼 끓는다.

글이 잘 써지지 않고 힘들 때는 글 쓰는 일을 후회도 하고, 써놓은 글이 부끄러워 고민도 하지만 펜을 놓으면 다시 글이 쓰고 싶어진다. 오랫동안 펜을 잡지 않으면 왠지 불안하다. 잘 되지 않은 글이라도 쓰는 작업은 기쁘다. 재주가 없어도 글 쓰는 일에 가치를 부여하며, 그 일에 최선을 다하면 살아가는 이유는 충분하다.

사마귀가 생명을 바쳐 알을 낳고, 연꽃이 온 힘을 다해 꽃을 피우고, 각양각색의 직업에 종사하는 사람들이 자기 일에 몰두하며 혼신을 다하듯, 정성을 다해 글을 쓰는 일은 언제나 새로운 삶을 창출하는 샘이다.

맑은 영혼이 담겨 있는 글을 쓰고 싶다.

알바커키에서 온 손님

따뜻한 온돌방을 만져 보고 있는 자그마하고 말수가 적은 파란 눈의 서양노인을 본다. 방바닥을 어떻게 데우기에 이렇게 기분 좋게 따뜻하냐고 묻는다. 온돌방 안의 아늑함이 호기심을 불러일으킨 것일까. 그는 라오스와 태국, 월남, 인디안 부족과 함께 오랫동안 일하면서 많은 것을 경험했을 텐데도 우리나라의 온돌을 신기해한다.

그를 매료시킨 온돌에서 우리의 길고 깊은 문화의 뿌리와 서로 얽히고설킨 끈끈한 정을 본다.

미국 뉴멕시코에서 제일 큰 도시인 알바커키에서 친구가 왔다. 채식주의자인 그는 자그만 체구에 조용한 사람이다. 오랫동안 모은 돈으로 30여 년 전 젊어서 평화봉사단원으로 일했던 라오스와 전쟁난민구호사업을 했던 월남을 방문하는 길에 한국에 들렀다.

그는 생김새도 다르고, 문화가 전혀 다른 곳에서 살면서 오랫동안 만나지 못했는데도 늘 만나오던 사람처럼 편하고 친근하다.

아침이면 간단한 토스트나 라면을 먹겠다고 했고, 점심이나 저녁에 우리가 먹는 김치와 나물을 잘 먹었다. 헤어진 지 수십년 만에 처음 한국 친구집에 왔는데도 풍성한 식탁을 차리는 것을 극구 말리고, 특별한 음식을 만들지 못하게 했다. 식구들 먹는 대로 차려진 식탁을 좋아하고 고마워했다. 처음 온 귀한 손님이기에 정성 들여 만들어 준 우리 음식을 음미하며 찬사를 보내고 잘 먹는다.

저녁에 들어오면 스스로 빨래도 해결하면서 손님 대접에 조금도 부담을 느끼지 않게 했다. 이렇게 편한 손님이라면 손님 접대도 즐겁다는 것을 우리에게 일깨워 준다.

그를 보고 있으면 세계가 서로 가까워질 수 있는 길을 가장 쉬운데서 찾을 수 있다는 생각이 든다.

3박 4일의 그의 체류기간 중, 서울의 여러 곳과 여주의 신륵사와 세종대왕릉, 도자기전시장, 목아박물관을 구경했다. 불교신자인 그는 신륵사와 목아박물관을 구경하면서 무아경(無我境)에 드는 듯하다. 그의 절과 박물관을 둘러보는 진지한 모습이 안내하는 우리까지 보람을 느끼게 했다. 그는 보는 것마다 세심한 관심을 보이며 우리 문화에 감탄한다. 책이나 신문으로만 알던 우리나라는 같은 공국이면서도 공산주의인 이북과 대치하여 일촉즉발(一觸卽發) 전쟁의 불안 속에서 사는 나라라고 생각했나 보다. 그는 우리나라가 상상했던 것보다 훨씬 발전한 문화를 가지고 평화스럽게 잘살고 있다며 놀란다.

미국의 남쪽 알바커키에서 친구 찾아 평생 처음 이 먼 곳까지 왔는데 더 오래 머물면서 한국의 많은 것을 보고 알고 갔으면 좋았을 텐데 그는 너무 짧은 일정을 잡아 이곳을 방문한 것이다.

그는 여러 곳을 둘러보면서 눈과 마음으로만 보고 즐길 뿐 아무것도 사지 않았다. 여행기간을 한 달로 잡았다지만 작은 가방 하나만 들고 왔다가 그대로 떠났다. 그에게서 프로다운 여행자의 모습을 본다. 외국으로 여행 떠나는 것을 자랑이나 하듯 너도나도 요란한 몸짓으로 나서던 얼마 전까지의 우리 모습이 떠오른다.

'IMF 이후에 한국의 경제 사정이 어렵다고 들어 국민들의 어깨가 처져 있을 줄 알았는데 활기가 넘치고 건강해 보인다'는 그의 얘기가 고맙다. IMF 때는 친구가 잘 헤쳐 나가고 있는지 걱정이 되어 자주 전화와 편지로 안부를 묻고, 격려를 해 주어 고마웠는데….

아시아의 낙후된 여러 나라와 인디언 호피부족의 복지를 위해 오랫동안 일했던 그이기에 짧은 일정이었지만 한국의 사회와 문화를 나름대로 짚어 보았다. 먼데서 힘들게 찾아온 친구 덕에 우리 가족도 며칠 간 훈훈한 정을 맛보며 지낸 행복한 시간이었다.

사는 것이 힘들다 해도 사람 사이에 생기는 끈끈한 유대감은 시공을 넘어 오랫동안 이어져 늘 마음속은 삶에 대한 그리움과 기대로 차게 되나 보다.

오래된 미국인 친구 데이비드 퍼시벌. 그는 우리 가족에게 온돌방만큼이나 따뜻한 정을 심어 주고 올 때처럼 조용히 떠났다.

19세기의 마을

사람은 누구나 회귀 본능을 가지고 있는 것일까.

도시 속의 19세기 마을을 구경하러 가는 마음은 신선한 기대로 가득 찼다.

석양이 물든 끝없이 펼쳐진 들판 속에 있는 19세기 마을은 온갖 문명의 양상이 판을 치고 있는 도시 속에 존재하고 있었다.

19세기 마을을 찾아가면서 제일 먼저 만난 그곳 사람은 19세기 마을을 벗어난 아스팔트 길 위에서였다. 홍수처럼 밀리는 차량 속을 뚫고 1백여 년 전의 네덜란드 옷을 입은 청년이 두 마리의 말이 끄는 마차를 타고 지나간다. 도시에 그는 무슨 볼일이 있는 것일까. 생전 처음 보는 말 마차를 타고 가는 청년의 모습이 여러 가지 상상을 불러 일으켰다.

우리가 찾아간 아미쉬 마을의 주민은 19세기의 네덜란드 생활방식대로 살고 있었으며 펜실바니아에 위치해 있다. 그들은 세인의 관심을 받는 것에 무관심하게 살아가는 듯 보이지만, 관광객에게는 많은 흥미를 자아내게 한다.

풍차가 도는 넓고 푸른 목장을 끼고 고풍스러운 집이 서 있는 마을에서는 말똥 냄새가 진동을 했다. 부모의 손을 잡고 19세기 마을을 구경하러 온 아이들이 코를 쥐고 얼굴을 찡그리는 모습이 귀엽다.

동네 안에 들어 갈 수 없어 먼발치로만 구경할 수 있는, 외곽에서 바라보는 마을은 그림같이 아름답다. 밭에서 구부리고 일하는 농부의 모습이 보이고, 퇴비를 잔뜩 싣고 가는 마차가 보인다. 두 마리나 네 마리가 끄는 마차에 쟁기를 매고 밭을 가는 농부도 있다. 19세기풍의 네덜란드 옷인 검은 모자와 검은 옷을 입은 남자아이들과 흰 모자와 검은 옷을 입은 여자아이들이 들길에서 뛰논다. 저녁 지을 때가 되어서인지 밭에서 일하는 여자가 없어, 정작 관심을 많이 가졌던 여자들은 한 사람도 보지 못했다.

석양빛 속에서 바라보는 마을에서는 어떤 일이 일어나

고 있는지, 그들이 가지고 있는 삶의 지표는 무엇인지, 가까이서 볼 수 없는 그들의 생활이 몹시 궁금하다. 전깃줄과 텔레비전 안테나가 없어 늘어진 줄이 없으니, 공중도 지상도 깔끔하여 마을은 지는 햇빛 속에서 투명하기까지 하다.

그들은 왜 19세기의 과거로 돌아가서 생활을 하고 있을까. 누구든 좀 더 편리하게 살고 싶은 것이 소망이다. 현대문명의 이기를 생활 속에 도입한다면 삶의 질이 높아져 살아가는 일이 훨씬 수월하리라는 것을 그들도 알고 있을 것이다.

드문드문 자리 잡고 있는 농가는 기름져 보인다. 온 가족이 부지런히 일하는 그들은 경제적으로 풍요롭다고 한다. 그들은 문명의 이기를 소유할 능력이 없는 것이 아니다. 거대하게 흐르는 현대물결에 휩쓸리지 않고 그들 나름의 방식대로 살아가고 있는 그 진정한 뜻을 알 수는 없다. 일정한 지역 안에서 사는 그들에게도 늘어나는 인구문제나 젊은이들의 도시를 향한 유혹, 19세기 생활을 싫증내는 사람도 생길 수 있는, 여러 가지 문제를 안고 있을 텐데 어떻게 풀어내고 있을지 궁금하다.

아이들은 초등학교 3학년까지만 학교를 다녀 성경을 읽

을 만큼의 지식만 습득하면 더 이상 공부도 시키지 않는단다. 가족이 모두 농사를 짓기 위해 손이 필요하기도 하지만 그 생활에서는 더 이상의 지식이 필요 없나 보다.

마을 주변에는 각종 아미쉬 물건을 파는 가게가 즐비하여 19세기 마을을 구경하려고 찾아 온 도시인들로 북적거린다. 그들이 재배한 농작물과 퀼트만 전문으로 파는 가게, 그들만의 독특한 그림을 전시해 놓은 화랑, 그들의 음식을 파는 식당, 그들이 손으로 직접 만든 민예품가게 등 재미있는 구경거리가 많다. 도시사람에게서 들어오는 돈이 19세기 생활의 밑천이 되나보다.

몇 년 전부터 우리 부부는 시골에 살면서 조금 짓는 농사지만 화학비료도 농약도 없이 농사를 지으려고 애쓴다. 제초제와 농약을 쓰지 않으니 풀과 벌레가 기승을 부려 잠시라도 밭에서 눈을 떼면 풀은 발이 묻힐 만큼 무성해지고, 작물은 순식간에 벌레의 밥이 된다.

현대적인 농자재를 사용하지 않고 방대한 농사를 지으려면 그들은 매일 흙에 파묻혀 살아야 한다. 부지런하고 근면하며, 검소하게 사는 그들의 모습은 모든 사람이 지향하는 생활의 바탕이 아닐까.

19세기의 농촌에서는 자연을 역행하며 재배되는 농산

물은 먹지 않아도 될 것이다. 그들의 생활 방식대로 온 인류가 살아간다면 지구의 급속한 파괴는 멈출 것이다. 환경운동가들은 지구와 자연을 보호하여야 된다고 외치고 있지만, 아미쉬 마을사람들은 그 방법을 알고 실천하면서 살고 있나. 사람은 저마다 살아가는 방식이나 추구하는 가치와 목표가 다르니 다른 사람의 사는 방식에 대해서 어떤 말도 언급할 수는 없다. 자기와 사는 방법이 다르다고 해서 이상한 관심을 가지고 신경 쓸 일도 아니다.

먼 아미쉬 마을로 발길을 옮겨 놓은 이유는 지구에게 가장 해를 끼치지 않고 사는 사람들의 아름다운 삶이 보고 싶어서였다.

어느 결혼식

눈 덮인 순백의 대지 위에 그들은 어떤 그림을 그려갈까.

시야를 가릴 만큼 함박눈이 쏟아지고 있다. 지은 지 1백년이 넘은 미국의 버팔로 시청청사 13층에서 내려다보는 거리 풍경은 대나무발을 통한 듯 아른아른 하기도, 안개꽃을 흩뿌리는 사이로 보는 것 같이 희미하기도 하다.

청사 13층에 마련해 놓은 예식장은 10평쯤 되는 홀에, 벽에는 시가지 전경을 찍은 사진과 결혼을 축하한다는 글귀를 쓴 종이만 붙어 있다. 문 앞에 만들어 놓은 신랑신부가 입장하는 나무로 만든 아치는 망사로 꽃을 만들어 윗부분을 장식했고, 손으로 만든 덩굴줄기를 밑 부분에서 위로 감아 올려 푸른 잎을 대신했다. 누군지 결혼식에 썼던 작은 꽃다발을 아치 밑 부분에 꽂아 놓은 것이 초라하게 시들어가고 있다.

딸아이가 사는 집 위층의 중국학생이 대만아가씨와 결혼을 한다. 우리 가족은 유학을 와서 가족이 없는 그들을 위해 잠시 가족이 되려고 결혼식에 참석했다.

예식장 복도에는 15분 간격으로 치러지는 결혼식 차례를 기다리느라 여러 쌍의 신랑신부가 대기하고 있다. 곧 식을 올릴 신랑신부가 상기된 표정으로 앉아 있고, 웃음을 띠고 있는 양가 가족 몇 명은 아무리 간소한 결혼식이지만 축하해 주려는 마음으로 들떠있다. 대기실 안에서 차례를 기다리는 신랑신부는 백인과 흑인, 황색인도 있고 한 쌍의 흑백인도 있다. 하얀 드레스에 부케를 들고 있는 신부도 있고, 평상복 차림의 신부도 있다. 우리측 신부는 대만에서 가져온 빨간색 중국 비단옷을 입은 제일 아름다운 아가씨다.

먼저 결혼식을 치르고 나오는 신부는 대기하고 있는 신부에게 축하 포옹을 하며 행복을 나누어주고 떠난다. 우리나라의 보통 예식장에서는 볼 수 없는 정겨운 모습이다. 차례가 되어 들어간 예식장의 간소한 분위기는 썰렁하지만 신랑신부는 행복해 보인다. 신랑신부는 그래도 긴장이 되나 보다. 담당자의 결혼식 진행으로 부부가 되겠다는 맹세와 반지교환, 증인의 사인, 축하인사와 결혼증명서를 받는 것으로 모든 절차가 끝났다. 결혼식 비용은 모두 30불이 들었다. 결혼식이 진행되는 동안 나는 어렵게 만나 이루어진 결혼이니 순탄하게 살아가길 빈다.

저녁에 10명이 초대된 결혼피로연을 약속하고 헤어진다. 빨간 드레스의 신부와 넥타이를 단정하게 맨 신랑의 모습이 이리호수에서 무섭게 불어오는 눈보라 속으로 사라져 간다. 이리저리 예측할 수 없이 흩어지는 눈송이처럼 그들의 앞길도 헤아릴 길 없는 어려운 일들이 닥치지만 잘 헤쳐 가면서 살라고 간절한 애정을 보낸다.

신랑은 상해근처 시골에서 태어난 북경대학 출신이며 미국 유학생이다. 유학 온 지 만 5년이 넘었어도 집에 가지 못하고 있다. 수백 명이나 되는 친척에게 사다 줄 선물값 때문이라고 얘기한다. 통역관계로 고향 근처까지 갔었지만 집에는 들르지도 못하고 왔단다. 외국에 나갔다 오면 선물을 해야 하는 관습은 우리나라의 외국 나들이가 힘들었을 시절과 똑같아 그의 입장이 이해된다. 여러 가지 아르바이트를 하면서 힘들게 공부를 한다. 대만 아가씨는 집에서 보내주는 학비와 생활비로 편히 지내며 학교에 다닌다. 방학이면 대만 집에도 다녀오는 밝고 명랑하고 예쁜 아가씨로 고생하는 신랑을 많이 도와준다. 본토인과 대만인의 만남이 별 장애없이 이루어진 것이 부럽다.

대만의 부모는 본토인과의 결혼을 많이 반대했지만, 본토의 부모는 아들에게 결혼에 대한 모든 것을 일임했다. 자라온 환경이 다른 사람들의 결합이고 앞날이 불투명한 상황이니 대만의 부모는 불안할 것이다. 같은 언어를 쓰는 한 민족인 그들의 결합이 중국과 대만의 문제를 풀어가는데 도움이 되지 않을까. 금방 아프리카에서 온 듯한 흑인 신랑과 하얗고 예쁜 백인 신부를 보는 마음도 같다. 피부색깔과 언어, 이념의 벽을 넘어 서로 자연스럽게 섞일 수 있다면 인종과 사회, 국가 사이의 많은 문제가 쉽게 풀릴 것이다. 식이 성대하든 간소하든 결혼이 함축하고 있는 그 가치는 똑같다. 어떻게 성숙하고 세련된 삶을 이루어 가느냐가 문제다. 미국에서 신랑신부의 들러리가 16명이나 되고 꽃을 뿌리는 화동까지 20여 명을 거느린 결혼식도 보았다. 호화스러운 결혼식의 여세에 들떠 주요한 삶의 부분들에 적응해 나가는 일이 더 힘들지도 모른다. 간소한 결혼식에서 삶의 의지를 다지는 계기가 더 두터울 수도 있다.

세상에는 같은 목표를 향해서 가면서도 도달할 때까지

의 해결 방법은 헤아릴 수 없이 많다. 많은 사람에게 보이며 떠들썩하고 화려하게 거행한 결혼식이든, 적은 비용을 들여 간소하게 치른 결혼식이든 상관없이 내용이 얼마나 알찬지가 중요하다.

결혼비용 때문에 파혼하고, 자살도 하며, 기대에 미치지 못한 혼수로 구타당하고 학대 받는 일이 얼마나 많은가. 물질과 형식보다 정신적으로 더하나가 될 수 있는 시청에서의 결혼식이 보기가 좋다. 함박눈 속에서 치러진 작지만 아름다운 결혼식이 가슴에 훈훈한 미소로 자리 잡는다.

작게 시작했지만 큰 자국을 남기면서 그들은 살아갈 것이며, 신랑의 단아한 모습과 신부의 아름다운 모습이 함께 가치 있는 삶을 엮어 나갈 것이다.

이르크츠크의 벼룩시장

어느 지역을 가던 시장 구경을 하는 것은 큰 재미다. 여행하면서 벼룩시장을 만나기는 어려운데, 이르크츠크의 일요 벼룩시장을 볼 수 있었던 것은 광활하고 신비에 가득 찬 시베리아여행에서 얻은 큰 수확이다.

일요일 오전만 잠깐 선다는 벼룩시장에 갔다. 입구에 매어져 팔릴 때를 기다리는 양과 토끼가 슬퍼 보인다. 칠면조와 닭, 거위도 있다. 집에서 기르던 것을 가져왔는지 몇 마리 되지 않는 가축을 지키고 앉아있는 사람들을 보며 그것을 팔면 얼마나 살림에 도움이 될까하는 생각이 스쳤다.

전에 내가 집에서 기르던 꽃닭과 비슷한 종류의 닭 서너 마리가 닭장 안에서 놀고 있어 한참을 들여다보았다.

세계 곳곳에서 자라는 가축들은 다 비슷한데 왜 사람들은 각기 생각이 다르고 감정이 달라 싸움이 그치지 않는지 모르겠다.

어디로 팔려 갈는지 모르지만 정들여 살던 곳에서 낯선 곳으로 가면 말 못하는 짐승들이 얼마나 긴장하고 스트레스를 받을까. 그것이 모든 생명을 가진 동물이나 식물이 살아야 될 운명이니 어떻게 할 것인가. 한 쪽에서는 꼬치구이를 굽고 있어 그 냄새가 진동하여 우리의 침샘을 자극하지만 팔려가야 될 짐승들 옆에서 고기를 굽는 것이 잔인하다는 생각이 들었다.

세계 어느 곳의 작은 시장과 다를 것 없이 옷도 팔고, 각종 공구며 생활에 필요한 물건이 어지간히 다 있다. 집에서 직접 가꾼 것인지 적은 양의 채소와 과일을 팔고 있는 사람들이 너무 초라하고 힘들어 보인다. 나도 농사를 짓고 있기 때문에 느끼는 감정이다.

시베리아는 그 광활한 땅을 가지고 있으면서도 일조량이 짧아 농사가 잘 되지 않는다. 과일이나 채소는 주로 중앙아시아에서 들여온다고 한다.

전에 미국동부에 잠시 살 때 일주일에 한 번 서는 농부시장에 자주 가서 식료품을 샀다. 한 보따리에 5달러 하는 사과를 팔고 좋아하던 젊은 농부의 모습이 지금도 눈에 선하다. 자신이 직접 재배한 작물을 필요해서 사 가는 사람이 있다는 것이 그렇게 좋았나 보다.

나이가 많아 보이는 할머니가 손수 만들었는지 단순하게 지은 원피스 몇 벌을 들고 살 사람을 찾아 돌아다닌다. 한 벌 사주고 싶은 생각이 났지만 먼 길 여행이라 마음뿐이었다.

러시아사람들은 집집마다 애완동물을 키우면서 가족의 일원으로 간주하여 가족 수에 포함시킨다고 한다. 그래서 애완동물 파는 곳을 열심히 찾았지만 눈에 띄지 않는다. 작은 벼룩시장이니 애완동물까지 바란 내가 틀렸다는 생각도 들었다.

세계에서 바다가 제일 먼 곳이라지만 지구상에서 제일 큰 호수인 바이칼호가 있어 그런지 생선을 많이 팔고 있었다. 민물고기인데 병어와 도미같이 생긴 생선도 있다. 바이칼호수에서 잡는 고기 중 '오믈'은 청어하고 비슷하게 생겼는데 이곳에서 제일 많이 잡히고 맛도 좋다고 한다. 들르는 식당마다 맑은 국을 끓여 준다. 튀기고, 훈제로 만들고, 오븐에 구워주기도 하여 오믈 요리를 실컷 먹었다.

낚시도구를 파는 가게도 많다. 우리나라에서는 구경하

지 못한 이상하게 생긴 낚시도구도 많았다. 낚시에 대해 조금이라도 관심이 있다면 이 벼룩시장에서 구하면 좋았을 것이라는 생각이 들었다. 금붕어와 열대어도 그 종류가 다양하고 수도 많다.

잠깐 들른 나그네의 눈에는 사는 사람 수보다 파는 사람의 수가 훨씬 많아 보인다. 파는 사람이야 하루 종일 그 자리를 지키지만 사는 사람들은 자꾸 바뀌니 잠시 들른 나로서는 사람이 많고 적음을 판단하기는 어렵다.

시장에 가면 활기찬 숨결이 좋아 재미있고 삶의 활력을 느낄 때도 있지만 이렇게 얼마 안 되는 채소와 과일, 한 끼 먹을 양만큼의 식료품을 놓고 파는 것을 보면 마음이 짠하기도 하다. 손님이 물건 앞에 서면 기쁨을 감추지 못하는 그들의 모습이 보기에 즐겁기도 하고 측은하기도 하다. 일주일에 한 번 이렇게 잠깐 서는 장에서 장사를 하면 돈을 넉넉히 벌기는 힘들 것 같다. 이 사람들도 우리나라의 도부꾼처럼 보따리를 꾸려 이장 저장 다니면서 장사를 할까. 세상살이는 어느 곳이나 고달프다. 사람들이 물건을 많이 팔아서 모두 잘사는 세상이 되었으면 좋겠다.

말의 후유증

적절한 때에 꼭 맞는 말을 할 수 있는 것은 큰 재능이다.

말을 많이 하고 나면 유쾌하게 느껴지기보다는 씁쓸한 뒷맛을 느낀다. 꼭 필요한 말만 해야 하는 것을 알면서도 쓸데없는 말을 할 때가 많다. 심각한 문제를 의논할 때나 부탁한 일을 처리할 때, 상대방과 대화를 나눌 때, "잘했구나" 생각할 때보다 말을 많이 했구나 하고 후회하는 일이 많다. 말을 하고 난 후 의도와 다르게 상대방이 잘못 이해하고 오해가 생길 때 난처하다. 말로 인해 입은 상처는 쉽게 머릿속에서 지워지지 않는다.

말로 남을 웃기는 재주가 있는 사람, 함축성 있는 멋진 말을 잘 해서 다른 사람의 마음을 끌어들이는 재주가 있는 사람, 남의 마음은 헤아리지 않고 자기주장이나 쓸데

없는 말을 많이 해서 싫증을 느끼게 하는 사람, 생각 없이 말을 함부로 해서 상대방의 마음을 상하게 하는 사람, 유형에 따라 여러 가지로 분류할 수 있다. 말을 압축시키고 절제하고 침묵으로 상대방에게 많은 것을 전달하는 것을 매력으로 느끼기도 한다.

말을 많이 하고 잘 해야 하는 직업도 있고, 말이 필요 없이 묵묵한 행동으로 처리해야 하는 직업도 있다. 말을 많이 하는 직업보다는 말없이 행해지는 직업을 가진 사람이 더 편안하다는 생각이다.

말은 한 번 쏟아 놓으면 수습하기가 어렵다. 어렸을 적 어머니는 물이 쏟아지면 담을 수 없듯이 말도 한 번 입에서 나온 것은 주워 담을 수가 없으니 늘 말조심하라는 당부를 하셨다. 자라면서 말에 대한 교훈이나 교육을 제일 많이 받았다. 쓸데없는 말을 하고 나면 내면에서 기운이 빠지면서 부끄러워짐은 어쩔 수가 없다.

표현이나 억양에 따라 그 사람의 인품이나 교양을 파악할 수도 있다. 같은 말이라도 단어를 고르고 억양을 연출하는 것에 따라 전해지는 느낌이 다르다. 화가 날 때도 목소리를 낮추어 침착하게 차근차근 얘기하면 상대방에게 불쾌한 느낌을 주지 않을 것이다. 참으면 될 것을 목소리를 높이고 후회하는 일이 한두 번이 아니다. 오순도순 정답게 지내는 시골 인심에서도 말을 잘못 전하여 곤욕을 치르는 경우가 많다. 부끄럽기 한이 없고, 말조심을 해야 한다는 생각을 깊이 심어 준다.

말이란 중요하면서도 어렵다. 그에 대한 책임은 반드시 본인이 져야한다. 말을 잘못하여 파문을 일으키는 일은 크든 작든 주변을 시끄럽게 한다. 높은 지위에 있는 사람의 무책임한 말은 불신을 일으키는 씁쓸함이 뒤따른다. 뒷일은 생각지 않고 생각나는 대로 말을 함부로 하고 뒷감당을 못해 상대방을 실망시키고 신뢰를 잃는 경우가 많다. 그 파문이 혼자에게만 미치는 것이 아니라 적게는 이웃에, 크게는 사회와 나라 전체에까지 미칠 수도 있다. 한 나라의 높은 지위에 있는 사람의 잘못 뱉은 말은 국제사회까지도 떠들썩하게 한다.

동물 중에 인간만이 단어를 만들어 의사를 소통할 수 있다. 말을 한다는 일이 얼마나 행복한 일인가. 장소와 때와 상대방에 따라 적절한 말을 골라서 하도록 신중을 기하면서 노력과 정성을 쏟아야 할 것이다. 나도 늘 말조심을 해야겠다며 마음을 다지지만 후회를 되풀이하면서 살고 있다.

신언서판(身言書判)- 인물을 판단하는 기준으로 삼은 조건에서 언(言)이 두 번째 들어가는 것을 보아도 말이 얼마나 중요한지 자명하게 나타난다.

우리의 모든 말들이
이웃에 가슴에 꽂히는 기쁨의 꽃이 되고
평화의 노래가 되어
세상이 조금씩 더 밝아지게 하소서.

누구에게도 도움이 될 리 없는
험담과 헛된 소문을 실어 나르지 않는
깨끗한 마음으로
깨끗한 말을 하게 하소서

이해인 수녀님의 시를 떠올리며 내 말로 인해 누군가를 아프게 한 일이 없었는지 조용히 하루를 돌이켜 본다. 말로 인해 생기는 기쁨이나 괴로움을 늘 마음 속 깊이 새기는 삶의 자세가 필요하다.

수벌 신세

양봉 벌 중에 제일 불쌍한 신세가 수벌이다.

여왕벌이 교미할 때 꼭 필요한 수벌은 한 통에 30마리 정도만 있으면 되지만, 여왕벌은 종족번식의 위협을 느껴서인지 소비(벌집)의 가운데에는 일벌을 낳고 가장자리 쪽으로 많은 수벌을 낳는다. 수벌은 교미 시기가 끝나면 아무 일도 하지 않으면서 꿀만 먹어 치우니 양봉농가에서만 성가신 존재가 아니라 벌 사회 안에서도 필요 없는 존재로 수난을 당한다.

수벌은 알에서부터 24일 만에 깨어나는데, 번데기로 있을 때부터 일벌보다 두드러지게 크다. 일벌과 구별이 잘 되어 잘 드는 칼로 수벌이 든 번데기 덮개를 잘라내어 성충이 되기 전에 죽는다. 수벌 유충이 몸에 좋다하여 찾는 사람이 있어 양봉농가의 수입에 보탬이 된다고는 하지만 측은하기 짝이 없다. 용케 번데기에서 나와 성충이 되어도 일벌보다 색깔도 진하고 덩치도 커서 눈에 잘 띄어 보는 대로 잡아 없앤다.

봄에 꽃이 많이 피어 일벌들이 꿀을 한창 날라다 새끼 키우고 저장을 하려면 일벌의 수가 많이 필요하다. 이 때 여왕벌은 많은 알을 낳아 일벌의 수를 최대한으로 늘린다. 상대적으로 수벌의 수도 일벌과 마찬가지로 늘어난다. 한창 꿀을 모아 올 철에 채밀하려고 벌통을 열면 수벌은 벌통의 맨 가에 있는 소비에 몰려 있다. 내역봉(집안에서 청소하고 새끼 키우고 하는 벌)들이 수벌을 귀찮은 존재로 간주하여 벌통의 한 쪽으로 몰아 놓았다는 느낌을 갖게 한다.

아무리 벌의 숫자가 많아도 수벌의 교미 상대가 되는 것은 여왕벌 한 마리뿐이니 대다수의 수벌은 이 세상에 태어나도 아무 쓸모없는 존재로 생존하다 사라진다.

동물이나 곤충, 식물 중에서 암수가 뚜렷한 것은 암컷이 새끼를 낳기 때문인지 수컷보다 더 크고 우위에 있는 것이 많다. 사자나 코끼리 같이 암컷이 무리의 우두머리가 되어 무리를 이끄는 역할을 하는 동물도 많다. 곤충은 교미가 끝나면 수컷은 암컷에게 잡혀 먹히기도 하니 곤충

세계에서는 수놈은 수벌 같은 신세가 한두 종류가 아니다. 인간도 남자가 대우를 받고 사는 지역도 있지만 모계사회에서는 여자의 역할이 절대적으로 중요하다.

우리나라는 조선조 초기 배불정책 이후에 유교사상의 튼튼한 자리매김으로 남성 우위의 사회가 형성되어 내려왔다. 최근까지 거의 여자는 인격의 존중을 받지 못했다. 그러나 근대로 오면서 남자들과 동등한 교육을 받게 되어 혼자 힘으로도 살아갈 수 있는 능력이 생겼고 일을 하는 여성이 많아져 사회적으로도 입지가 튼튼해지고 있다. 때문에 육아와 가사문제로 친정 쪽의 도움을 많이 받고 있어 자연히 현재는 차츰 모계사회로 변해가고 있는 추세다. IMF 이후에 많아진 노숙자 중에 여자가 거의 없는 것도 여자는 대개 친정의 도움을 받을 수 있기 때문이라는 생각이다.

힘이 세게 생긴 수벌은 먹고 놀기만 하는 데 몸집이 작은 암벌은 벌이 살아가는 데 필요한 모든 것, 여왕벌과 새끼 벌 키우기, 집안 청소, 꿀 가져오기, 경비까지 모두 맡아 하니 이런 철저한 모계사회가 또 있을까. 중국의 소수민족 중 한 부족은 아예 아버지라는 개념이 없다고 한다. 남자가 필요하면 여자가 불러서 하룻밤씩 자고 가고,

아이도 아버지가 누구인 줄 모르며 남자는 철저하게 모계에 붙어서 산다. 꼭 수벌 같은 존재다. 다만 수벌처럼 죽임을 당하지 않는 것이 다르다. 남자가 뚜렷하게 책임질 일이 없이 빈둥거리며 산다는 것은 바로 죽음과 같지 않을까.

벌통을 점검하며 수벌을 제거할 때마다 수벌 같은 신세가 되면 안 된다는 생각을 늘 한다. 삶은 누구에게나 녹록치 않다. 우리 사람 사회에서도 수벌 같이 사는 사람이 많다. 자기에게 주어진 책무를 충실하게 이행하며 사회의 든든한 일원이 되어야 수벌 같은 신세가 되지 않을 것이다.

수벌을 볼 때마다 수벌의 삶을 생각하고, 늘 긴장을 늦추지 말고 정신 바짝 차리고 살아야겠다는 생각을 한다.

떡국을 끓이면서

설에 떡국을 끓이려고 사골을 곤다. 국물 맛을 더 좋게 하고, 떡국에 꾸미로 쓰려고 양지머리를 넣고 함께 끓인다. 국물이 뽀얗게 우러나기를 기다리면서 우리나라 음식에 대해서 많은 생각을 해 본다.

떡국국물에 인공조미료 대신 표고버섯과 다시마 우린 것을 더하고, 마늘과 대파, 양파로 향을 내면 최고의 맛을 낸다. 고명으로 갖은 양념에 무친 고기와 황·백색의 달걀지단, 구운 김, 실고추를 살짝 얹으면 맛과 영양, 빛의 조화까지 고루 갖춘 완벽한 일품요리다. 남녘 어느 지방에서는 떡국에 두부와 문어, 굴을 넣어 끓이기도 한다. 거기에 세계 5대 음식중 하나인 김치만 곁들이면 한 끼의 훌륭한 식사가 된다.

비빔밥과 잡채, 구절판, 신선로를 예로 들어도 고기와 야채, 해산물이 골고루 들어가면서 고명으로 색깔을 조화시켜 아름답게 꾸미면 한 가지 요리만 가지고도 완벽한 일품요리로 손색이 없다. 녹두부침개만 해도 고기와 숙주, 고사리와 김치, 갖은양념이 들어가고 기름으로 부친다. 맛도 좋지만 주재료에 함유되지 않은 모자라는 요소들에 궁합이 맞는 식품들을 첨가해서 완전한 식품으로 만든다. 각 나라의 고유한 음식에는 그 나라의 문화와 예술혼이 배어 있다.

10년 전 파리에는 10군데의 한국음식점이 있었다고 한다. 지금은 계속 늘어나서 1백여 곳에 이른다니 놀랍다. 프랑스에 거주하는 작가 목수정씨는 요리의 왕국인 불란서 사람들이 우리나라 음식에 매료되어 열광을 하는 이유가 '사람의 손끝에서 탄생하는 음식 자체의 매력에서 출발한다'고 했다. 한국음식을 처음 접하는 프랑스 사람도 한 번 먹어보면 열렬한 홍보대사가 된다.

중국인이 좋아하는 외국음식 1위로도 한국음식이 꼽혔다. 우리나라 음식이 몸에 좋다는 이유에서다. 농림수산식품부의 현지 조사에서 베이징 내 한국식당은 783개로 일본식당 536개를 크게 앞선 것으로 나타났다. 더구나

이소연 씨가 우주선에 가지고 간 김치와 라면 외에 우주식품 인증평가를 받은 우리나라 음식은 불고기와 비빔밥, 미역국, 오디음료수가 뽑혔다.

일본인이 많이 먹는 반찬에 김치가 1위를 차지했다. 남편의 오랜 일본인 친구가 있다. 일본에도 김치가 넘쳐 나지만 우리나라 집에서 만드는 김치를 좋아해서 김장철이면 몇 포기씩 김장김치를 보내준다. 집에서 담근 김치는 사먹는 김치에 비교할 수 없이 맛이 뛰어나다고 그분은 감탄을 한다.

고급스럽고 귀한 음식일수록 섬세하게 손이 많이 가니 손에 익지 않으면 만들기가 어렵다. 아무리 좋은 요리책이 있어도 머리로 만들 수는 없다. 숙련되지 않으면 만들기 힘든 것이 요리다.

우리나라는 곳곳에 그 지방 특유의 토종음식이 많은데 만들기 힘들다는 이유로 지금은 잘 만들어 먹지를 않는다. 그 음식을 만들 줄 아는 사람들도 이 세상을 떠나고 있어 각 지방의 고유한 토종 음식들이 사라지지 않을는지 걱정이다. 국가에서도 한식을 세계화 시키려고 애를 쓰고 있다니 한국음식이 세계화가 된다면 우리나라 농산물 수출도 늘어날 것이라는 전망이다.

조상들의 뛰어난 지혜와 솜씨가 이어진 우리나라 음식은 한 가지 요리로도 완벽한 영양과 맛, 색이 어우러지는 것이 특징이다. 우리나라 음식이 건강에도 좋으며 다이어트 식품으로도 좋다고 세계적으로 인정을 받고 있다. 이런 멋진 음식문화가 전 세계인에게 알려지고 있으니 정말 자랑스러운 일이다.

음력설과 정월보름에는 우리나라 고유의 음식을 많이 해 먹는 절기이니 우리 음식에 대해 좀 더 자부심을 가지고 깊이 생각해 보는 계기가 되었으면 좋겠다.

초록 뾰족지붕은 지금도 그곳에

그 집은 키 큰 나무들에 둘러싸여 길에서 보면 초록지붕이 보일락 말락 한다. 가끔 차를 타고 가다 숲 사이로 뾰족지붕이 보이면 반갑기 그지없다. 세월이 많이 흐른 지금도 그 초록지붕만 보면 마음이 따뜻해진다. 노후에 꼭 시골생활을 해야겠다고 다짐한 것은 아니었지만 여건이 되면 시골생활을 해 보는 것도 재미있겠다는 생각을 늘 하고 있었다.

40여 년 전, 우리나라가 살기 어려웠던 시절, 남편이 소속된 재단에서 미국원조자금으로 살기 어려운 마을을 택해 도와주는 프로젝트가 있었다. 그중 한 곳이 지금 우리가 자리 잡은 여주의 한 마을이다.

다리를 놓아주고, 우체국을 유치해 오고, 전기와 전화

도 설치하고, 농번기에 돌봄이 필요한 어린이를 위한 탁아소도 지었다. 새끼를 낳으면 다른 농가를 위해서 한 마리씩 내놓는 조건으로 소를 사주어서 농사에 도움을 주고, 표고 재배에 필요한 여러 가지 협조를 하기도 했다.

어촌에는 미역과 김 양식장 사업을 도와주고, 바람이 많은 제주도에는 방풍림을 위한 나무를 지원하기도 했다. 이 밖에도 여러 가지 사업을 했는데, 새마을운동의 효시가 아닐까 싶다.

그때는 우리나라가 외국의 도움을 받았지만 지금은 원조를 받았던 나라 중에서 세계에서 유일하게 외국에 원조를 해주는 나라가 될 만큼 잘살고 있다. 40여 년 전 남편이 일하던 때와 비교하면 격세지감을 느끼지 않을 수 없다.

남편은 동네 발전을 위한 철저한 조사와 의견교환 등으로 많은 사람들과 접촉하면서 친해졌다. 여러 가지 시설을 해주면서 빈번한 교류를 가지게 되었고, 자연히 한 동네사람이나 다름없게 되었다. 이런 연유로 우리는 시골에 자리 잡으면서 텃세를 겪지 않았다.

남편이 퇴직할 때쯤 마을 사람들의 권유도 있고 해서 시골에서 살아볼 마음을 굳혔다. 마침 마을에 빈집이 있어 우선 그곳에 살기로 한 것이 농촌에 자리를 잡게 된

계기가 되었다. 동네에서 '초록 뾰족집'이라고 불린 그 집은 벽을 돌로 감쌌는데, 아래층에 방 한 개와 부엌, 화장실이 있었고, 이층에 널따란 지붕 밑 방이 한 개 있었다. 아래층은 침실 겸 식당, 객실로 쓰고 이층 다락방은 서재와 작업실로 썼다.

도회지에서 친지들이 놀러오면 작고 불편한 집이라도 정말 좋아했다. 텃밭에서 나는 채소로 초라한 밥상을 차려도, 좁은 방에 끼어 자면서도 재미있어 하며 뾰족집에서 지내는 것을 즐겼다.

그 후로 차츰 서울 살림을 정리하고 아주 시골로 옮겨 앉았다. 집도 새로 짓고, 양봉장과 여러 가지 작물을 심을 수 있는 밭도 장만했다. 가족에게 무공해 작물을 먹이고 싶었던 바람도 이루어졌다.

남편은 중학교 다닐 때, 옆집에 사는 친구가 벌 몇 통을 기르는 것이 부러워서 그때부터 벌을 꼭 길러 보고 싶었다고 한다. 그래서인지 남편은 은퇴한 늦은 나이에도 불구하고 벌을 키우기 시작했다. 처음에는 경험과 기술도 익힐 겸 서너 통 가지고 시작을 했는데, 시행착오를 많이 겪었다. 지금은 벌들이 많이 늘어나서 식구들끼리 1년 동안 먹고도 남아 꿀을 찾는 가까운 이들과 나눌 만큼 채밀을 하고 있다.

호기심과 취미로 시작한 벌 기르기가 이제는 규모가 커져서 남편은 매일 새벽부터 저녁까지 벌에 매달려 산다. 그동안 쌓인 연륜은 남편을 양봉박사로 만들었다. 이 일은 철저히 혼자 하는 작업이다. 남편은 나이 들어서는 여러 사람과 어울려서 하는 일보다 혼자 하는 일이 편하다고 한다. 벌에 쏘이는 것이 무서워 동네 사람들이 놀러오기를 꺼려서 사람 만나기도 어렵다.

심심치 않게 가짜 꿀에 대한 뉴스가 기분을 언짢게 하는데, 오늘도 가짜 꿀을 만들어 많은 돈을 벌었다는 뉴스가 나와 안타깝다. 정직한 사람들조차 의심 받는 듯하여 몇몇 가짜 꿀을 만들어 파는 사람들 때문에 속도 상한다. 생산자와 전화번호, 생산지, 생산연도를 당당히 밝힐 수 있는 꿀을 만드는 남편이 한편으로는 자랑스럽다.

초록지붕에서 시작한 시골에서의 생활이 그동안 호사스럽지는 않았지만 그래도 즐거웠다. 남편과 뜻 맞추어 행복했던 세월을 만들어준 숲 사이로 보이는 지붕을 보면 어느새 흘러간 십여 년의 시골 생활이 머릿속 가득 펼쳐진다. 남편과 내가 시골에서 뿌리박고 잘 헤쳐 나가고 있는 것은 초록 뾰족지붕이 맺어주었던 넉넉한 인정 덕이다.

비움의 미학(美學)

새 집을 짓고 7, 8년 사니 늘어난 살림살이가 머리를 누른다. 집안에 물건이 많으면 그 물건들이 기를 가져가 건강에 좋지 않다는 얘기를 들었다. 공간이 넉넉하면 숨쉬기가 편해질 것이다.

둘 것과 버릴 것을 정리해서, 가지고 있는 것에서 벗어나려고 집수리를 시작했다. 물건이 제자리에 있을 때는 모르겠더니 모두 꺼내 놓으니 며칠을 정리하고 날라도 한도 끝도 없이 나온다. 필요해서 가지고 있어야 되는 것도 있지만 버리려다 혹시 쓸 일이 있을지 몰라 두었던 물건까지 많기도 하다.

살림살이를 모두 밖으로 내 놓고 나니 텅 빈 집안이 시원하도록 홀가분하다. 집안이 이렇게 넓은 줄 미처 몰랐다. 집수리 끝날 때까지 써야 될 꼭 필요한 물건만 남겨두고 창고로 옮겼다. 모든 살림을 치웠어도 하루하루 생활 하는 데는 아무 불편이 없다. 몇 년 전까지 5년간 쓰지 않은 물건은 과감히 버리라고 하더니 지금은 1년간 쓰지 않은 물건도 버리라고 한다. 버릴 줄 아는 것도 큰 지혜라는데, 버리지 못하고 끼고 있는 것은 풍족하지 못한 시대를 살아온 탓일까.

식구들끼리는 별 신경을 쓰지 않고 살면서, 손님이 오면 쓸 물건은 보물처럼 모셔둔다. 요즘 젊은 사람들은 좋은 것은 가족이 쓰고 난 후, 나머지를 손님 접대에 쓴다고 한다. 나는 무엇이든 좋은 것이 있으면 손님용으로 아끼는 미련한 짓을 하고 있어 물건이 더 많이 쌓인다.

다 본 책도, 몇 년을 입지 않은 옷도, 쓰지 않는 그릇도 버려야 되는 물건은 많기만 한데, 막상 버리려니 아까운 생각이 앞선다. 몽고나 티벳의 천막, 에스키모의 이글에서 사는 사람들, 아프리카의 오두막에서 사는 사람들의 살림살이는 간단해도 생활하는 데 아무 불편이 없어 보이던데….

법정스님의 '아무 것도 갖지 않을 때 온 세상을 갖게 된다'는 경지까지는 감히 생각을 못하더라도 버리는 용기는 있어야 될 텐데 실천하기가 어렵다.

세상을 살 만큼 살았건만 아직 무슨 미련이 남아 털어버리지 못하는지….

눈앞에 보이는 물질도 깔끔하게 정리를 못하면서, 그동안 마음속에 평생 쌓인 미움과 탐욕, 세상에 대한 섭섭함과 미련은 어떻게 버릴 것인가. 이제 이 모든 것 다 털어버리고 무거운 마음에서 벗어나 홀가분하게 살다가 이 세상을 떠날 때 가볍게 떠나고 싶다.

다시 찾은 사랑, 야생화

집 뜰에 심어 놓은 야생 패랭이가 분홍의 선명한 색깔로 예쁘게 피어 눈을 못 떼게 한다. 몇 년 전 뒷산 무덤가에서 한 그루 옮겨 심은 것이 많이 퍼져 이제는 제법 큰 무리를 이루고 있다. 야생화 중에 제일 좋아하는 꽃이다.

산길, 들길을 걸으면서 들풀과 들꽃을 만난다. 풀과 꽃 이름이 무엇인지 야생화의 이름을 많이 알지 못하여 답답하다. 『식물도감』을 펴보지만 사진 속의 꽃을 보고 이름을 외우기는 어렵다.

한국야생식물 전시회에서 우리나라의 야생식물이 4,800여 가지나 된다는 것을 알았다. 들과 산에 자생하는 식물은 키도 작고 꽃도 자그마한 것이 앙증스럽고 가지각색의 현란한 색깔은 눈이 부시다. 무심히 보고 지나쳤던 꽃들이 그렇게 예쁘리라고는 생각도 못했다. 어릴 때 울 안에 있던 옥잠화, 창포, 꽈리, 원추리…. 뒷동산에 올라가면 지천으로 밟히던 패랭이, 제비꽃, 할미꽃, 산나리가 이제 사라질지도 모르는 귀한 식물이 되다니 세월의 변화와 함께 자연환경도 급속히 변해가고 있음을 실감한다.

30년 전 자연을 좋아하는 친구들이 모여 '들꽃'이라는 모임을 만들었다. 주위에서 '들꽃'이라는 단어가 인상이 좋지 않다고 했다. 얼마간 쓰다가 다른 이름으로 바꾸었는데 우리의 들꽃이 그렇게 천시되어야 한다는 것이 서글펐다. 발밑에 짓밟히기 쉬운 꽃이라고 그런 여인들을 연상해서 생각하기 때문이다.

삶의 태도가 진지하지 않을 때 이름 없는 들풀 같이 스러지고 싶으냐는 나무람을 듣는다. 하지만 들풀은 이름 없이 스러지는 것이 아닌 강인한 생명력으로 자연을 아름답게 꾸민다. 비바람에 흙을 보호하여 땅을 지키는데 한몫을 하며, 동식물도 키우는 소중한 역할을 한다. 산이나 들에 야생초가 없다면 그나마 이 지구가 온전히 지탱해 나갈 수 있을까.

신토불이라고 우리 땅에 나서 우리 땅을 지키고 있는 야생화가 새삼 귀하게 대접받으면서 그동안 외국에서 들여온 화려한 꽃들이 누리던 사랑을 되찾고 있으니 격세지감이다.

들풀이나 야생화가 작은 것은 비, 바람에 잘 견디기 위해서 일까. 동물에게 짓밟혀도 다시 일어설 수 있기 위함인가. 커다랗게 자라고, 크게 꽃이 피면 다른 생물의 눈에 잘 띄어 곧 꺾일 두려움 때문인지도 모른다. 그래서 야생화는 돌보는 이 없이도 끈질긴 생명을 이어오고 있다.

꽃을 좋아하던 어머니가 들에서 일하다 저녁 어스름에 한 다발의 야생화를 광주리에 담아와 꽂아 놓으시던 정경이 떠오른다. 그래서 야생화는 내게는 그리움의 꽃이기도 하다.

『야생초편지』를 쓴 황대권 님은 교도소생활을 하다가 외부에 나가는 길에 지천으로 널려 있는 눈앞에 보이는 풀 무더기를 보고 '한 평만 떼어다 교도소 뜰에 심으면 운동시간 내내 그 풀밭에 머리를 박고 지낼 수 있을 텐데…' 하고 아쉬워했으며, 야생화를 보면서 '이 땅이 온갖 금은보화가 가득한 신비의 곳간처럼 여겨진다'고 했다. 누구나 절실하게 필요한 경우를 겪지 않고는 어떤 대상이든 귀중하게 여기기는 어렵다.

들꽃의 이름은 예쁘고 재미있다. 은방울꽃, 봄맞이꽃,

애기팽이밥, 둥글레, 은난초, 초롱꽃… 예쁜 이름이 한도 없다. 여우오줌, 소경불알, 중대가리, 개불알꽃, 며느리배꼽, 며느리밑씻개, 애기똥풀… 듣기만 해도 절로 웃음이 난다. 개불알꽃은 넓적한 잎에 진분홍 빛깔의 꽃잎을 밑바탕으로 꽃잎이 둥글게 모여 꽃술을 감싼 모양이 꼭 개불알 같이 생겨 붙여진 이름이다. 예쁜 꽃의 생김새와는 딴판의 이름을 갖고 있지만 그 위트가 미소를 자아내게 한다.

외국에서 들어온 장미, 튤립, 칸나와 같은 꽃도 좋지만 세계화의 바람 속에서 우리 것을 더 소중하게 간직하고 싶어진다. 뜰 앞 돌 틈에 자라는 덩굴 풀 한 줄기, 고사리 한 포기, 이름 모를 풀 한 포기까지도 귀중하게 느껴지는 것은 세월의 켜와 비례하는 것 같다.

한 송이 야생화를 통해 지난 세월을 유추하며, 사유의 뜰도 넓히는 것은 또 다른 나의 꽃밭을 일구는 일이다.

조릿대의 꿈

뒷산 등성이에 앉아 조릿대의 속삭임을 듣는다.

무슨 사연이 그리 많은지 바람이 스쳐갈 때마다 조릿대가 머리를 맞대고 부딪치며 소리를 내지만, 그 뜻을 읽을 수가 없다. 몇 백 년 전, 이 자리에 조릿대를 옮겨 심어준 스님을 생각하는 것일까. 사람의 발길이 끊이지 않았던 시절의 절 살림을 회상하는 것일까. 긴 세월, 갖은 풍상을 이기고 넓은 조릿대 밭을 이룬 의지를 자랑스러워하고 있는 것일까.

집 뒤 산 속에 언제 사라졌는지 모르는 오래된 절터가 있다. 절터 주위에는 수십 년간 쌓이고 썩은 낙엽과 무성한 나무 사이로 난 오솔길, 물이 흘렀던 자국이 있는 골짜기도 있다. 군데군데 축대가 무너져서 생긴 듯한 돌무

더기가 있고, 꽃밭인지 텃밭인지 모를 평평한 땅에는 수없이 돋아난 붓꽃 싹이 보인다. 얼마 전까지 해당화도 피었고, 넓고 하얀 차돌바위도 있었다는데 흙에 묻혀 버렸는지 찾을 수가 없다. 이렇게 흔적만 남기고 사라진 절터를 보면서 세월의 덧없음을 실감한다.

기온이 낮아 중부지방에는 대가 자라기 힘들다지만 이곳에는 조릿대가 고만고만한 키를 다투며 수백여 평의 밭을 이루고 있다. 추운 겨울에도 푸른빛의 장관을 이루고 있는데 눈이 온 후에는 녹색이 선명하여 푸르름을 더한다. 가느다란 대가 어떻게 추위를 견디며 겨울에도 푸른 잎을 지니고 있는지 신기하다.

남쪽 지방의 한옥 뒷동산에 무성한 대나무밭이 보기에 좋아, 늘 대나무를 기르고 싶었다. 지난겨울 청죽과 오죽, 두 그루를 구해 화분에 심어 놓고 정성껏 돌보며 아꼈다. 청죽의 잎이 자라며 맑은 이슬이 조롱조롱 솟아 나온다. 푸른 대나무 잎에 맺힌 이슬에서 눈을 떼지 못했다. 알고 보니 이슬이 아니고 병이 들어 그런 현상이 일어난다고 하여 실망이 컸다. 차츰 병색이 짙어지면서 새로 나오는 싹마다 깜부기병이 나타난다. 약을 치고 식물활력소를 주며 솟아오르는 새싹이 깜부기의 까만 입자를 터뜨리기 전에 모두 따주었다. 오죽에도 병이 옮길까봐 신경을 많이 썼는데 다행히 병 없이 잘 자랐다. 날씨가 따뜻해져서 대나무 화분을 밖으로 내놓았다. 봄빛 아래서 청죽과 오죽이 더 싱싱해 보였다.

대나무를 들여다보는 즐거움에 빠져 있을 즈음에 발견한 조릿대 밭의 정경은 놀라움과 기쁨을 안겨 주었다. 기후도 맞지 않는 이곳에 어떻게 수백 평이 넘는 자리를 차지할 수 있었을까.

60년을 주기로 피는 왕대와는 달리 조릿대는 키가 작아 그런지 5년마다 꽃을 피운다. 대나무는 꽃이 피면 땅속줄기의 양분이 소모되어 이듬해에 싹을 틔울 죽순의 90퍼센트가 썩어 대밭이 망가진다. 어린 대는 그냥 두고 다 자란 대는 잘라서 쓰는 것이 대밭 관리의 기본이다. 전에는 동네사람들이 겨울마다 조릿대를 베어다 조리와 바구니를 만들었다. 지금은 다량으로 쏟아져 나오는 플라스틱 때문에 조릿대에 손은 대지 않고 있지만, 오랜 세월 조리나 바구니를 만드느라 베어졌던 조릿대 밭은 특별한 관리를 하지 않아도 자연히 넓은 밭을 이룰 수 있었나 보다.

이웃 동네에 오죽밭이 있다고 하여 한걸음에 가 보았다. 맑은 물이 흐르는 뒤꼍, 울타리에 둘러싸인 아늑한 곳에 오죽이 가득 차 있다. 주인에게 오죽 키우는 비결을 듣고 그 지혜에 감탄하며 몇 그루 얻어다 뒤뜰에 심어 놓고 들여다본다. 오죽은 담뱃대를 만들기에 좋은 재료인데, 그 집주인은 오죽으로 빗자루를 만들어 쓴다. 대나무빗자루로 쓸리는 마당은 더 정결하여 밟고 다니는 사람의 마음을 순화시킬 것 같다.

대에 관심을 가지니 친구가 자기집에 순얼이대가 있다고 자랑한다. 조상 중에 선조(宣祖)의 부마가 났다는 그 집은 지은 지 130여 년이 되었다는데 바깥채 마당가에 순얼이대가 초봄의 날씨에도 녹색의 벽을 이루고 서 있었다.

친구가 나누어 준 순얼이대를 앞뜰에 심었다. 화살촉을 만드는 순얼이대도 우리 집 대나무 식구가 되었다.

물이 오르기 전에 옮겨야 잘 산다고 해서 산 주인에게 허락을 얻어 큰 나무 사이에 끼어 잘 자라지 못하고 있는 조릿대를 집 뜰에 옮겨 심었다. 황량한 뜰을 언제 꽉 채울까 욕심이 앞선다.

조릿대의 꿈은 무엇일까. 마음을 맑게 해주던 절의 종소리와 불경소리를 그리워하며, 다시 절이 세워지고 사람들의 발길이 이어질 날을 기다리고 있는 것일까. 그때까지 행여 푸르름이 바래질까 자리를 넓혀가며 의연한 자세로 꼿꼿이 서 있는 것일까.

조릿대에 깃든 한줄기 청량한 바람이 가슴 속으로 스며든다.

오디축제

잘 익은 오디의 그 까만 빛깔은 어떻게 만들어지는 것일까.

땅바닥을 까맣게 덮은 오디를 본다. 땅 속에서 빨아들인 양분과 뽕나무 몸속에서 있는 어떤 성분의 조화가 까맣고 단맛의 오디를 만든다고 생각하면 자연 속에 있는 모든 것이 신비하기만 하다. 뽕나무 옆의 연못에 피는 하얗고 노랗고 분홍인 수련꽃도 그렇고 뜰에 피어있는 빨갛고 노랗고 분홍인 장미도 그렇다. 나는 가끔 느티나무 밑에 엎어놓은 항아리 의자에 앉아 높다란 뽕나무를 올려다보며 새삼 자연에 대해 감탄을 한다.

집으로 들어가는 오솔길 가에 누가 언제 심었는지 모르는 오디나무 고목이 두 그루 있다. 예전에 누군가 누에를 기르기 위해 심었을 것이라는 추측만 하고 있다.

이 나무들은 해마다 무성하게 푸른 잎을 펼치며, 달콤하고 새까만 오디를 가득 달고 있다가 떨어트린다. 그렇게 떨어진 오디들이 씨를 퍼트려 갓 새싹에서부터 수십 년 간 해마다 싹을 틔워 층층이 터를 잡아 집 주위에 천지로 자라고 있다. 누에를 기르던 시절에는 귀한 나무로 대접을 받았을 터이지만 지금은 그때의 영화는 그늘에 묻어버린 채 뽕잎과 오디만으로 사람에게 기여를 하고 있다.

옛날 먹을 것이 귀할 때는 오디가 익기 무섭게 따먹었겠지만 지금은 아무리 지천으로 열렸어도 따먹는 이가 없어 오디가 익을 철이면 땅을 까맣게 덮는다.

우리집에는 오디가 익는 철이면 친구들이 와서 오디를 따는 것이 연중행사이다. 해마다 치러지는 행사에 우리는 기꺼이 '오디축제'라는 이름을 붙였다. 축제라면 전국 곳곳에서 치러지는 거창한 축제를 생각하지만 오디축제는 친구들 몇이 모여 오디를 따서 잼도 만들고 술도 담그는 조촐한 모임이다. 언뜻 생각하면 단순한 도시친구들의 시골 나들이지만 우리는 오디축제를 위해 1년을 기다린다. 어떤 일이든 기다린다는 것은 설렘과 즐거움이 동반된다.

오디축제날이 다가오면 남편과 나는 뽕나무 밑에 깨끗

한 비닐을 깔아 오디 딸 준비를 해 놓고 손님을 맞는다. 긴 장대도 구해 놓고 축제를 벌이면서 점심 준비도 한다. 말은 거창하지만 모두 간단하다.

이즈음에 맞추어 앵두도 빨갛게 익고, 양보리수도 흐드러지게 익어 오디 따러 오는 사람들을 즐겁게 한다. 뽕나무는 잎과 열매, 뿌리까지 버릴 것이 없다. 열매는 그냥 먹어도 달착지근하지만, 술을 담그면 맛도 있고 몸에 좋다고 한다. 잎은 갓 순이 나왔을 때는 나물을 해 먹고, 좀 자란 잎은 말려서 빻아 가루를 만들어 차로 마시면 좋다고 한다. 뿌리는 한약제로 쓴다니 뽕의 주목적인 누에 먹이 외에도 요긴하게 쓰인다.

어렸을 때 내가 자라던 동네에는 잠사시험장이 있었다. 누에치는 철이 되면 마을의 아낙네들이 뽕잎을 따느라 뽕밭으로 하나 가득했었다. 곱게 생기신 우리 큰어머님은 뽕잎 따러 왔던 이웃 여인이었는데 큰아버지와 연애를 해서 결혼을 했다. 그 옛날 연애를 했다는 이유로 평생 두고두고 사람들의 입에 오르내리는 놀림감이었다.

어릴 적 오디가 익을 때 친구들과 오디 따먹으러 뽕밭에 들어갔다가 잠사시험장 직원한테 혼이 나기도 했다. 오디물을 잔뜩 들여온 옷 때문에 어머니에게서 야단맞던 생각도 생생하다. 그때는 오디맛이 그렇게 달고 좋았는데 지금의 오디는 맛이 예전만 못하다. 더 맛있는 것들이 지천이니 그럴 수밖에 없으리라.

오디가 열리면 새들도 잔치를 벌인다. 오디를 따먹은 새똥도 오디 빛깔이다. 먹을 것을 찾아 끊임없이 공중을 날아야 하는 새도 오디가 익을 때면 잠시 생존경쟁에서 쉴 수 있으리라. 이때쯤이면 새들의 노랫소리도 더 아름답고 우렁차게 들린다. 잘 익은 오디에는 곤충도 많이 붙어 있다. 그러고 보면 여러 생물에게 익은 오디는 커다란 즐거움을 선사한다.

남편은 짙은 보라색 빛깔이 우러나 먹음직스럽게 생긴 오디술을 여러 병 담아 놓고 흐뭇해한다. 술친구라도 오면 집안은 오디술 향기와 담소로 가득 찬다. 친구들에게 커다란 병에 담가 놓은 오디술을 나누어 주는 일도 기쁨 중의 하나다. 오디술을 받은 친구들의 좋아하는 모습은 우리에게 또 다른 시골에서의 보람을 준다. 오디는 그렇게 우리에게 생활의 활력과 즐거움도 함께 주고 있다.

오디가 익는 한 해마다 우리의 오디축제도 이어져 갈 것이다.

오늘도 나는 술을 담근다

집 뒤 숲 속 커다란 나무들 틈에 수십 년 된 돌배나무가 한 그루 있다. 다른 과일은 흉년이라고 야단인데 금년에도 돌배는 많은 열매를 맺었다. 멋대로 놓아두어 사람 손을 타지 않으니 매달고 싶은 만큼 열매도 잘 열리는 것 같다. 해마다 돌배가 주렁주렁 달리지만 별 관심 없이 저절로 떨어져 나무의 거름이 되도록 버려두었었다.

금년에는 이웃집 사람이 돌배 술이 기관지에 특효인데 돌배를 구할 수가 없다고 하기에 모두 따가라고 했다. 그는 돌배를 따서 우리에게 수십 개를 주고 갔다. 기침에 좋다니 술을 담가야겠다는 생각이 들었다. 커다란 유리병에 돌배를 차곡차곡 채우고 35도 소주를 부었다.

아침에 담근 술이 저녁때가 되니 연한 갈색이 우러나면

서 은은한 빛을 뿜어내고 있다. 자연에서 온 색은 임의로 만든 어떤 색깔보다 높은 품격을 지녔다.

오랜 세월 가지각색 과일 술을 담가 놓고 즐겼는데, 이제 석양에 서 있으니 술도 먹지 않아 철이 되어도 술 담그는 일을 잊어버렸다. 매실, 더덕, 인삼, 복분자, 말벌 술까지 담그기만 하고 먹지 않아 더 이상 담그지 말자고 다짐을 했다.

이제 술뿐 아니라 가지고 있는 물건들을 슬슬 정리할 때가 되었다는 생각이다. 살아 계셨으면 100살도 넘었을 친정아버지가 모아 놓았던 조선 말기에 나온 돈과 일제강점기 때와 해방된 후, 육이오 때 발행된 돈이 꽤 많았다. 거기에 보탠 올림픽 기념주화, 외국에 다니면서 쓰다 남은 돈 등 제법 많은 양을 모두 아들에게 주었다.

젊어서부터 각국으로 출장을 다닌 남편이 모은 우표도 모두 손자에게 물려주었다. 인도네시아에서 3년여를 살면서 수집한 나무화석과 조가비, 신기하게 생긴 조각품들, 외국에 출장을 가거나 여행가서 기념으로 사온 모든 물건들을 다 아이들에게 나누어 주니 마음이 좀 홀가분해진 것 같다.

평생 함께해 온 물건들을 떠나보내며 내 몸도 떠날 날이 멀지않았다는 생각에 서글펐다. 그래도 아직 너무도 많은 물건을 끌어안고 살고 있다.

지금 가지고 있는 것만으로도 이 세상 떠날 때까지 충분하다. 그런데 오늘 또 돌배 술을 담그고 있다. 하지 말자 하면서도 자꾸만 사고 만들고 보태고 있으니 어쩔 수 없는 인간의 본성인가.

미국 메사츠세스주의 콩코드 마을, 150년 전에 인적 없는 '월든' 호숫가에서 살던 소로우는 생활하는 데 꼭 필요한 물건은 22가지면 된다고 했다. 그가 살던 방 한 칸으로 되어 있는 오두막집에는 요리를 만들던 난로와 몇 개의 그릇, 글을 쓰던 책상, 침대 외에는 별 물건이 없었다.

뒤뜰 작은 창고 안에는 간단한 농기구와 겨울에 먹을 식량을 저장하는 조그만 창고가 있었다. 소로우처럼 그렇게 간단하게 살아도 사람이 살아가는 데는 별 불편이 없는데 욕심으로 가득 차 있으면서 더 가지려고 기를 쓴다.

늘 버려야겠다고 하면서 버릴 물건을 고른다. 골라 놓은 물건은 이리저리 들춰보면서 고민한다. 이런저런 이유를 붙여 다시 집어넣으면서 어떻게 물건을 줄일 것인가. 다른 사람이 보기에는 모두 하찮은 물건일 텐데, 다시 쓸 일이 생기지 않을 줄 알면서 언젠가는 필요할 때가 있을 것 같아 거두어들인다. 욕심으로 가득 찬 속물근성에서 언제쯤이나 벗어날까.

갖가지 재료로 담가 놓은 술을, 술 좋아하는 친지들에게 모두 나누어 주어야겠다고 벼르면서 오늘도 또 돌배술을 한 단지 담가 바라보고 있다.

달랑 감 한 개 달고

가을이 깊어간다. 나무에 달랑 한 개 달린 감이 쓸쓸해 보인다.

심은 지 6, 7년 밖에 되지 않은 아직 어린 나무지만 감이 많이 열릴 때는 한 접도 딴 적이 있다. 많이 따서 이웃과 나누어 먹는 재미가 쏠쏠 했는데 작년과 금년 이태 동안 감 구경을 못했다. 작년에는 비가 너무 많이 와서 제법 풍성하게 달렸던 꽃이 모두 떨어졌다.

금년에는 지난겨울 혹한에 얼지 않도록 잘 감싸 주었는데도 추위에 견디지 못하고 서너 그루가 다 얼어 죽었다. 봄이 되어도 깨어나지를 못해 마음이 아팠다.

늦봄에 죽은 줄 알았던 단감나무에 연한 싹이 트기 시작해서 얼마나 반가웠는지 만세까지 불렀다. 동해를 많이 입었지만 죽지 말아 달라고 나무를 어루만지며 부탁을 했다.

그래도 꽃이 필 때가 되니 여기저기 가지에 꽃망울을 터트린다. 신통해서 매일 들여다보던 그 꽃도 긴 여름 장마에 모두 녹아 떨어져 버렸다. 금년에도 감이 한 개도 열리지 않을 것이라 생각하고 욕심은 일찍이 비웠다.

그런데 어느 날 보니 나무 맨 윗가지 끝에 감이 하나 보였다. 자손을 퍼트리기 위해 안간힘을 다 한 것 같다. 까치와 까마귀, 산비둘기, 꿩들이 오가다 건드릴까봐 늘 마음이 조마조마했다.

전에는 감나무가 추풍령 이북에서는 추위에 견디지를 못해 심고 싶어도 심을 수가 없었다. 더구나 단감나무는 경남에서 밖에 겨울을 나지 못했는데 근래 이상 기온으로 감나무가 경기도까지 올라 온 것이다.

어렸을 적 뒤울안에 감나무를 갖게 해 달라고 아버지에게 졸랐지만 겨울에 얼어 죽기 때문에 심어주지 못한 것을 이제야 깨닫는다. 그때는 뜰에 자라던 포도나무도 추위가 오기 전에 땅에 묻어야 겨울을 났는데 지금은 땅에 묻지 않고 잘 살고 있다.

자연이 하기에 따라 나무가 실하게 잘 지내기도 하고 고생하면서 지내기도 하듯 가정을 꾸려 나가는 것도 똑같다. 한결 같은 삶이 이어지지 못하고 평탄하게 살기도 하고 힘든 삶이 닥쳐오기도 하는 것이 꼭 감나무가 수난을 겪는 것과 닮았다는 생각이 든다.

평생 월급쟁이 남편과 살면서, 아이들 넷 키우며 손톱 밑에 피가 나도록 알뜰한 살림을 해 왔다. 아이들의 단백질 보충을 위해 고기라도 제대로 먹이려고 마장동과 독산동 도살장을 내 집 드나들 듯이 하고, 노량진 수산시장에서 생선을 사 가지고 이고 들고 무거워서 고생하며 다니던 생각이 아득한 옛일처럼 스치고 지나간다.

식구가 많아도 어느 해는 애태우지 않고 편안히 지내기도 하고, 행사가 많은 해는 살림 꾸려나가기가 버거운 때도 있었다. 어떤 때는 병원비로 인해 허리가 휘기도 하고, 여러 아이가 한꺼번에 입학을 해서 입학금 대느라 힘들게 산 일이 엊그제 같다. 이제 다 어른이 되어 일가를 이루고 사는 아이들을 보면서 잘 버티고 살아 왔다는 생각을 한다.

그 긴 세월을 어찌 지냈는지 나 자신이 대견하기도 하고, 가족에게 더 정성을 쏟지 못한 것 같아 미안하기도 하다. 지난겨울 추위에 죽었다 살아난 감나무를 보니 힘겹게 살아난 감나무가 내가 살아온 세월을 보는 것 같아 더 정이 간다.

오늘도 감을 보면서 까치밥으로 둘 것인지 귀하게 달린 열매이니 따서 먹을 것인지 갈등을 하고 있다. 감나무가 자손을 보존하려고 있는 힘을 다 쏟아 키웠을 감 한 개를 놓고 욕심을 버리는 법을 배워야 할 것 같다.

아직 단풍이 덜 들어 파란 잎 사이에 달랑 한 개 달린 감이 안쓰럽기도 하지만 빨간 빛을 발하고 있는 것이 예쁘기도 하다.

작가 연보

1936년 4월 2일 아버지 유병억과 어머니 김호녀 사이에 수원시 서둔동 131번지에서 삼남 사녀 중 다섯 째로 태어났다.
1960년 4월 8일 김재현(행정학 박사)과 결혼하여 이녀 이남을 두고, 큰사위 김명한과 큰딸 진희 사이에 동훈과 지훈, 작은사위 권승혁과 작은딸 진아 사이에 순하, 큰아들 동일과 큰며느리 강명아 사이에 채영, 작은아들 동욱과 작은며느리 김선희 사이에 다인과 예인을 두었다.

학력과 경력

1950년 수원세류초등학교 졸업
1956년 수원여자고등학교 졸업
1959년 Unesco 설립 Korea Fundamental Education Center 졸업
1959년부터 1968년까지 농촌진흥청 산하 공무원 10년 근무
2006년부터 2012년까지 7년간 여주신문 논설위원 역임
2014년부터 2016년까지 여주예총 이사
2005년 남편 은퇴하면서 여주시 흥천면 안시랏길 77~40으로 귀농

하여 2016년까지 벌농사를 지으며 살았다.
현재 경기도 이천시 백사면 청백리로 53번지 모전 현대아파트 102동 1002호에서 살고 있다.

문단경력

1995년 『현대수필』로 등단
한국문인협회, 서초문인협회, 여주문인협회 회원
동인지 『여주문학』 『서초문학』 『수필이야기』 참여
『문학시대』와 『현대수필』에 사계절 양봉에 관한 글 연재
현재 '중앙신문'에 수필 연재 중

수 상

농촌진흥공무원 도서전시회 수상
유주현문학상 향토상
경기도 문학상

저 서

1997년 수필집 『재미있는 지옥 재미없는 천국』(세손)
2007년 수필집 『꽃씨에 물감 들인 듯』(소소리)
2012년 칼럼집 『살맛나는 세상』(소소리)
2015년 수필집 『곤줄박이야 어쩌지』 여주예총 지원 출간(소소리)
2018년 수필선집 『유년의 별빛을 찾아서』(소소리)